U0128204

海風在吟唱

左營海軍與眷村

主編

杜正宇

作者

杜正宇　沈天羽

YUZI　陳咨仰

郭冠佑

本書榮獲 112 年財團法人榮民榮眷基金會
「榮民推廣介紹及文化保存」合作計畫評選第一名。

海風在吟唱

左營海軍與眷村

CONTENTS ／目次

散　離
徊　徘
念　想

每當回到左營眷村，一股幾經離散的悵惘油然而生。

車行雨豆樹大道，過了小時候學書法的爺爺家（今捌捌陸眷村文化園區），再順著緊鄰大水溝（已成步道）的海富路前行，我知道快要到家了。幼龍幼稚園彷彿就在眼前，該左轉了，然後是四海派出所、楊醫官、通往自治菜市場的小巷子。停車。不需要對照老地圖，我知道到家了。

即便派出所、診所、菜市場都被夷為平地，我知道家在哪。徘徊在緯六路的人行道上，一瞬間所有記憶如浮光掠影般襲來，我看見了往日的街道、住家、奶奶的藤椅、中山堂、中正堂的電影看板、小鋪、活動中心、像小山一樣高的防空洞、軍區圍牆……人來人往、熙熙攘攘。

　　從北京、上海到重慶、從河北、青島到馬公，顛沛流離的歲月裡，命運牽引著我們在左營相聚。10 歲搬離眷村，但我從未遠離。人生幾十場春節團聚，都在眷村裡。直到家人一個個遠渡重洋，我和爺爺還守在這裡。那一年，午夜 12 點，爺倆撐起了鞭炮，卻沒見到幾位鄰居，喧囂聲中度過了眷村最後一個春節。

　　拆遷以後，人海浮沉，海角天涯各一方。心中問了無數次，眷村的爺爺、姥姥、阿舅、阿姨，您們都好嗎？眷村的童黨、玩伴，您們現在何方？作為眷村子弟，除了想念，我還可以用什麼方式留住美好回憶？

　　感謝眷村的長輩，您們充滿情感的回憶和提供的圖像，豐富了本書內容。感謝好友天羽、咨仰、冠佑，大夥分工合作，完成了本書內容。感謝文學作家 YUZI，百忙中重整章節、改寫文稿，讓文學與史學能夠交融。

　　感謝高雄市政府文化局和國防部的努力，保存了左營眷村的部分風貌。感謝高雄市立歷史博物館推動左營眷村的探索與研究。更感謝財團法人榮民榮眷基金會對左營眷村持續的支持與關懷，本書才得以問世。

國立屏東科技大學　助理教授　杜正宇

　　我頹喪地窩在咖啡廳的角落，看著面前的筆記型電腦螢幕發呆。

　　前陣子好不容易出了人生第一本小說，過了過當作家的癮後，便安分地找了工作、當起全職上班族。殊不知朋友牽線來了個出版邀約，沒考慮到新工作還有段適應期，自不量力地應下。現在截稿日快到了，望著幾乎要一片空白的稿子，我壓力山大，煩躁地抓了抓頭，等待著最後一絲希望的出現。

　　此時咖啡廳門一開，走進來了一位男子。我與他目光對上，趕忙揮揮手招呼他。

　　男子注意到我，露出一抹豪爽的笑，大步流星地走過來。他身形高大挺拔、膚色曬得黑黝黝的，還理著一個小平頭，渾身散發出凌人的氣場。要不是他打扮休閒，僅著白 T 恤和黑短褲，大概會被以為是放假的軍人。

　　雖然他的確是。

　　他——一位名叫左先生的海軍軍官——走到我桌子前，我忙不迭地站起來跟他握手。

　　「左先生好，我是跟您聯繫想要採訪您的作家，敝姓佘。」

他聽到我的姓氏，挑了挑眉：「佘？外省人？」

我一愣，搖了搖頭。

「是嗎，那你這姓在本省裡還挺特別。」他毫不在意地笑了笑，在我的對面坐了下來，我趕忙切入正題。

「真的非常謝謝左先生願意抽出寶貴的時間，這次要出的書是有關於左營軍區與眷村的故事，我想來想去也只能拜託您了。」

「行啊，就是怕長，你耐不住聽。」他一雙眼睛炯炯有神地打量我，軍人特有的威嚴感猛然外露，我不自覺僵直了身子。

見我的反應，他有些尷尬地摸了摸鼻子，大手放上我的頭頂揉了揉，語氣放緩了些：「小子，沒事，我就給你講講唄。」

我立刻將雙手放在筆電的鍵盤上，蓄勢待發。

看到我一臉期待的模樣，他好笑地彎了唇角，張開嘴開始述說。

左營
軍港的誕生

之一　· 最初的左營 ————————————

　　要我從左營最初的歷史開始說？嗯……從上古時代的考古出土文物裡，大概可以知道左營早在 3,500 年至 4,500 年之前，就已經有人類活動的痕跡了，那時候甚至是還沒有文字記載的年代。到了 1661 年，鄭成功率軍來到了臺灣，他們的軍隊在興隆莊（埤仔頭）屯紮，設立了「左衝鎮左營」，從此，「左營」的名字就確立了下來。1684 年在清朝統

鳳山縣舊城東門（鳳儀門）／杜正宇提供

左營舊城西門再現／杜正宇提供

治下，臺灣建造了第一座土城，在當時是位於「鳳山縣」的行政劃區，名為「鳳山縣城」。到了今日，則是我們俗稱的「左營舊城」。[1]

但左營可不只有城池就能發展到如今的地位，他還有「港口」。

現在的「左營軍港」，一開始其實叫做「萬丹港」。就跟臺灣許多的地名一樣，萬丹二字也是取自平埔族的發音。當時的萬丹港是個什麼樣子？在 1764 年王瑛曾所著的《重修鳳山縣志》裡有提到：「萬丹港，在縣西八里。港道闊，通外海。南北小舟在此停泊貿易。」[2] 卷二〈津渡〉則描述：「萬丹港渡，在興隆莊，縣西四、五里。闊約十餘丈，系內海小門。從府治渡海及濱海村莊往來，必濟斯渡。小舟渡人。」[3] 可以想像當時的萬丹港，雖不如現在的左營軍港那般氣勢恢弘，卻也港道寬闊、港嘴內海面空間大，停泊著許多小舟，承載著外渡大陸、內航臨海村莊的交通重任。就是這樣一個地理位置極佳的萬丹港，後來清朝甚至在這裡設置了「萬丹汛」，進駐了軍隊：「萬丹汛：縣西七里。北接赤嵌汛，水程八里。目兵十名分防。內設煙墩三座、望高樓一座。」[4]

之二 · 軍港的誕生與範圍

後來，眾所皆知的 1895 年，日本人來了。

野心勃勃的日本在面對到手的殖民地臺灣，做了詳盡的土地調查與資源軍事的評估，只為了能夠做最大化的利用。其中，高雄位處日本帝國版圖最南端，絕佳的地理戰略位置，令日本官方和軍方都十分重視。尤其在當時，掌握了「海權」就等於掌握了強權，於是日本優先整頓了高雄港，將高雄潟湖打造成臺灣南部的第一大港。

高雄港成為了國際大港口，意味著會有數不盡的民用船舶來來去去，雖然繁榮，卻沒有隱蔽性，不利於「軍事」發展，所以日本將目標轉向高雄港北方的左營，決定將萬丹港擴建成軍港。

有趣的是，自 1936 年〈大高雄都市計畫〉公布後，1937 年初就有小道消息說在岡山郡與高雄市之間的左營、右沖、廓後等庄會有重大設施動土。這個人性啊，從古至今皆然，就跟現在許多炒房的投機客一樣，許多人得知後紛紛到該區炒作土地，導致在短短的一個月內，左營一甲步的土地竟然從 1,000 圓暴漲到 5,000 圓。[5] 而在炒地皮事件登報六個月後，日本海軍在 9 月提出〈高雄策源地計畫〉，劃定動工範圍為桃子園、廓後及左營舊城等區域內的民宅、農田、魚塭甚至墓園，以 1 坪私有地 1 圓 50 錢的價格完成了土地徵收。[6] 1940 年 4 月開始動工建設，這就是「左營軍港」誕生的由來。[7] 不過，直至二戰結束，日本海軍管轄的左營軍事區域實際上不只桃子園、廓後及左營舊城，範圍更為龐大。包括：

（1）今左營區一帶的警備府（今鎮海樓一帶）、海兵團（分為東、西海兵團）、高雄海軍工作部、見習工員養成所、水交社、海仁會、海軍病院（今海軍總醫院），以及右沖（工員宿舍）、廊後（宿舍／今捌捌陸眷村文化園區一帶）、本部前（獨身、軍需部、工作部、部前宿舍等／戰後的西自助新村一帶）、龜山（軍事設施、修理工場、工作部宿舍等）、埤仔頭（震洋隊）等。

（2）範圍涵蓋今鼓山與左營區的桃子園（軍需部、兵舍及倉庫、施設部倉庫、震洋隊等）；前峰尾（軍事設施、宿舍），以及位於今鼓山區的內惟（宿舍、軍需部）、壽山（軍需部、施設部倉庫、魚雷射堡、第二壽山見張所、兵舍、陸戰隊）、新濱町軍需部等。

此外，另有位於市區的高雄海軍運輸部、三塊厝分遣隊、鳳山分遣隊及照射所、旗津綠町的旗後軍需部，以及旗山旗尾倉庫、大樹發電所、竹腳厝特設見張所、岡山等地。[8]

日本海軍在臺灣，一開始其實是以澎湖的馬公港為重鎮。隨著日治後期政策的發展，臺灣成為南進基地，日本海軍在臺灣本島需要有更大的軍港空間。澎湖雖然有天然良港，但腹地太小，很難有更進一步的發展，所以日本海軍便決定將重心轉移到高雄。

不過，這個決定下得十分晚，1937 年中日戰爭都已經開打了。按照日本海軍原本的構想，左營軍港的籌建進度要在 1943 年達到馬公港的規模，1946 年達到九州佐世保軍港的規模。[9]但隨著 1941 年太平洋戰爭的爆發，美軍逐漸占據了優勢。而 1944 年 10 月起，左營戰火頻擾，

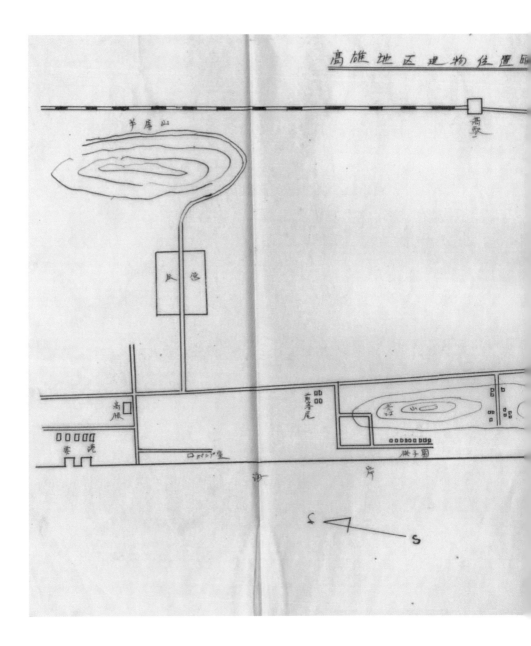

高雄地區建物位置略圖。圖中之高
根為高雄方面根據地隊司令部／
〈日本海軍物資接收目錄（高雄
地區）〉，國家發展委員會檔案
管理局典藏：國防部史政編譯局
B5018230601/0034/701.1/6010

相信亦阻礙了相關建設，以致戰後負責接收的李世甲將軍認為，軍港工程連一半都沒完成。[10] 當時已竣工的是港灣南方一帶碼頭，至於北部港灣，二戰末期仍有許多尚未疏浚的淺灘。[11]

日本海軍決定將重心從澎湖馬公轉移到高雄左營後，便在 1943 年 4 月，以左營為中心設立「高雄警備府」。「警備府」在日本海軍的編制中，是僅次於第一級的「鎮守府」，可見日本海軍對於左營是給予非常大的發展厚望與經營野心的。左營軍港建設的同時，一系列海軍設施的構築及相關部隊的編組也於焉展開，並在左營舉行了盛大的開幕儀式。[12] 原馬公警備府司令官高木武雄中將，成為了首任高雄警備府司令官。高雄警備府成立的同一天，也正式公告了「高雄要港」的管轄範圍，涵蓋高雄州岡山郡、高雄市下鹽田、右沖、援中港、下蚵仔寮、廍後、左營、菜公、新庄子、埤子頭、竹子腳、桃子園、前峯尾、內惟等地區。[13] 而高雄警備府廳舍即今海軍軍區鎮海樓。

高雄警備府司令部成立之初，在「高雄要港」的設施原屬馬公警備府，高雄警備府成立、馬公警備府撤銷後，這些單位陸續在人員不變動的狀況下被改編。2002 年定居在高雄市鹽埕區的吳春草回憶，她在 17 歲時奉在馬公警備府工作部的舅父蔡再興之命，考取馬公海軍工作部總務科擔任二等記錄工。馬公工作部成立高雄分工場後，吳春草因家在高雄便被調到高雄分工場總務科。後來高雄分工場改成高雄工作部，馬公工作部反而改名為高雄工作部馬公分工場。[14]

高雄警備府成立後，陸續在左營軍港周遭修建一系列的防禦砲臺。[15] 高雄警備府廳舍（今左營軍區鎮海樓）對面為荒鷲砲臺，1943

年在馬公海軍工作部的鄭維青，曾在北元伍長的率領下，到左營荒鷲砲臺安裝探照燈與高角砲，組內的電氣工具必須負責高角砲的旋轉、仰角。隨後他們一行人北上，為臺南機場與岡山的 61 航空廠裝設電波探訊器，結束後才回到澎湖。[16]

待左營的「高雄警備府陸上防備部隊」編成以後，陸續在港區、軍區、六燃廠構築砲臺，1944 年 5 月 10 日以河野隆馬少尉為砲術長兼第 3 分隊、第 4 分隊與第 5 分隊的指揮官，指揮左營、半屏山等砲臺。

戰時在馬公海軍工作部造船科的陳金溪則在 1944 年 9 月到 10 月之間，被調到臺灣本島，先後在鵝鑾鼻、東港、壽山、左營、大崗山、小崗山、臺南、臺中、新竹、竹崎、臺北松山等地搬運火砲、機關槍、探照燈，並安裝發電機等工程。他印象中最辛苦的是安裝 5-10 噸重的大砲，都必須靠人力搬運到 30 公尺高的山頂，還要盤旋分段前進。[17]

除了修築軍事防禦設施，招募可用兵源也是高雄警備府的工作。

太平洋戰爭爆發後，日本海軍開始面臨兵員不足的窘境，1943 年 7 月開始，日本政府開始在殖民地朝鮮、臺灣實施「海軍特別志願兵」制度，但並不是任何人都可以被選上，需要通過嚴格的體檢、學力測驗（日語、國史、算術等）及口試，錄取後還得接受六個月基本軍事訓練。[18]

第 1 期的「海軍特別志願兵」在 1944 年 4 月完訓，分發到左營軍港的「高雄海兵團」和「高雄警備府陸上防備部隊」，負責海軍軍區內

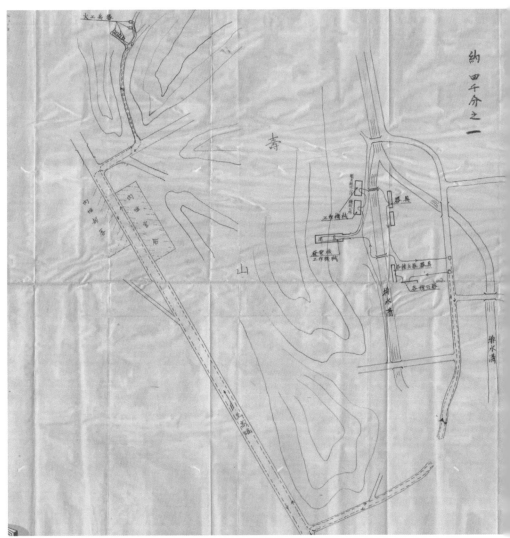

高雄海軍工作部配置圖（左右跨頁）。該區位於左營軍港南方／〈日本海軍物資接收目錄（高雄
地區）〉，國家發展委員會檔案管理局典藏：國防部史政編譯局 B5018230601/0034/701.1/6010

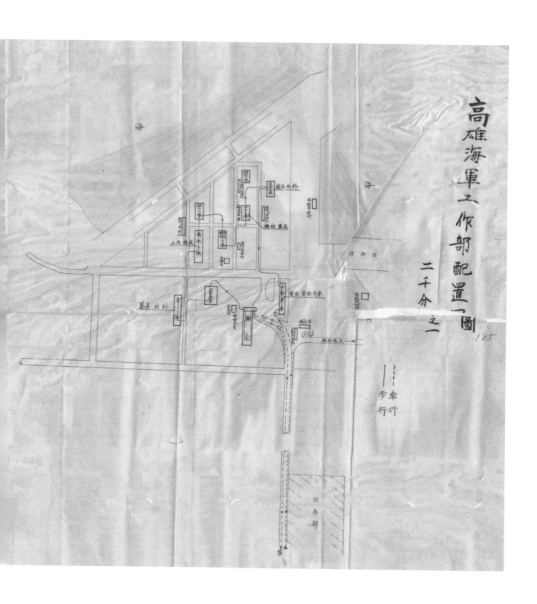

的警備與防空任務。[19] 第 1 期結訓與分發的同時，高雄警備府又進行了第 2 期特別志願兵的招募。不過礙於戰況緊張，從第 2 期開始，廢除了六個月的訓練，一切只求速成。二戰結束前，海軍特別志願兵一共招募了 6 期，除了第 1 期只招募 1,000 人外，其他 5 期都是招募 2,000 人，共 1.1 萬人。[20]

之三 ・ 左營捲入戰火

根據美軍中太平洋戰區聯合情報中心（Joint Intelligence Center, Pacific Ocean Area）1944 年 4 月的調查，左營軍港的建設雖然將近完工，但還無法大規模投入運作。當時，左營軍港內擁有 3 座船塢、彈藥庫、燃料庫以及一些小型建築、營房、工具宿舍，還有 6 座港池正在疏浚。[21]

左營軍港空照圖（1943 年 12 月 20 日）／ Joint Intelligence Center Pacific Ocean Area, Formosa, JICPOA Bulletin No.49-44, April 15th, 1944, RG165, NM 84, Box.481(NARA)

施設部

水交社

海仁會

警備府

工作部

廊後宿舍

海軍病院

西海兵團

VL27-188 12 OCT 44 1445 (-9) K20,6?
VARIED TOSHIEN HARBOR RESTR

美軍空襲左營軍港（1944 年 10 月 12 日）。照片中出現濃煙處為工作部與施設部一帶／
Commander Bombing Squadron 14, Serial 0202, 24 Oct, 1944, RG38, Box.391 (NARA)

　　1944 年 10 月 12 日臺灣沖航空戰爆發後，左營軍港開始遭到美軍
大規模的空襲轟炸摧殘，[22] 被捲入了猛烈的空襲之中。戰火紛擾下，日
軍甚至在 1945 年 2 月準備將高雄警備府往臺北遷移，警備府直轄各部
隊移駐臺北近郊。[23]

　　為了防範美軍登陸臺灣，羅掘俱窮的日軍推出了至今仍存在許多爭
議的「自殺特攻」。身為日本海軍重鎮的左營當然也沒例外，日本海軍
設置了自殺特攻的「震洋特攻隊」。左營的震洋特攻隊陸續於 1944 年
11 月 26 日至 1945 年 1 月 9 日抵達，共有駐守左營坪子頭（戰後西自
助新村一帶）的第 20 震洋隊（部隊長為薄繁藏）、第 21 震洋隊（部隊
長為竹內泉）、第 31 震洋隊（部隊長為栗原博），與駐守左營桃子園

的第 29 震洋隊（部隊長為永井博），都歸高雄警備府管轄。[24]

　　出生在苗栗灣裡的陳金村，考取了海軍特別志願兵後，便從臺中搭火車來到左營，被分到了第 20 震洋隊當機關兵。他回憶當時日復一日的訓練情景，白天就是待在柴山邊的格納庫裡保養裝備，傍晚出海訓練。然而時值戰爭末期，日方物資設備皆已窮盡，傍晚訓練只能打手電筒，還曾經發生過震洋艇的翻覆事故，造成了死傷。[25]

　　1945 年 1 月，由後藤修中尉率領的日本海軍袖珍潛艇也來到了「高雄要港」。原定前往菲律賓，因事故及更新設備而滯留。這三艘袖珍潛艇名為「蛟龍」，編號是第 72 號、第 86 號、第 89 號。該型潛艇 50 噸，裝載特 C 型直流電動機（600 馬力）、兩條 45 公分發射管，可搭載艇員 3 人。其中第 89 號是後藤修上尉的旗艦，第 86 號的艇長平井興治上尉因為輸送艦在高雄港外被美軍襲擊，而在 1945 年 1 月 15 日戰死。至於第 72 號，則指揮員不明。終戰後，該批「馬尼拉派遣隊」開始現地自活，直到被遣返。[26]

第 20 震洋隊的臺籍日本兵陳金村先生／高雄市關懷台籍老兵文化協會提供

　　「蛟龍」特攻潛艇又稱「甲標的丁型」，1944 年底被指定為進行本土決戰防衛時使用的特攻兵器。1945 年 2 月開始，日本海軍為了執行本土決戰開始大量製造。4 月 1 日起，日本陸軍與海軍共同合作，對航空與水中特工兵器進行最大限度的準備。[27] 關於這三條「蛟龍」的下落，根據海軍官校 43 年班張惠林少將的回憶，他表示 1950 年代初他進海軍官校受訓時，在左營軍港偏東北方的空地上，曾經見過滿是鏽蝕的日軍小潛艇。這些小潛艇，或許就是 1945 年接收的「蛟龍」。[28]

　　……戰爭的殘酷與空襲的凶險，光憑口述是很難傳達出來的啊。

　　「佘老師，你對戰爭的印象是什麼？」左先生說到一半，突然問我。

　　我傻楞楞地啊？了一聲，絞盡腦汁地回想：「阿嬤有跟我說過日本時代都要躲空襲，小時候我們在學校也有防空演習，聽到長長的鳴聲就要躲在桌子底下或整班帶去地下室躲……大概就這樣了？」

　　左先生抿緊嘴巴沒有回話，從鼻腔內長長地呼出一口沉氣，目光飄向遠方不知道在看什麼。

　　良久，左先生的雙眼才逐漸對焦，卻依舊閃著晦暗難辨的光。

　　「嗯，希望你們永遠不要遇到戰爭。」

　　1945 年 8 月 15 日，一向被塑造為「神」形象的日本昭和天皇的「玉音」，透過雜訊干擾嚴重、收訊不良的收音機，第一次直接傳達到了全

日本人民的耳裡。

曾經飄揚的紅色旭日旗被折斷，日本無條件投降了。

在臺灣的日軍各部隊開始陸續解除作戰狀態、封存武器彈藥、撤除野戰工事、約束官兵的軍紀與維持治安。[29] 戰爭結束後，身為戰勝國的美軍也有來到左營視察情況。好笑的是，因為日本政府在二戰期間不斷宣傳洗腦美軍是多麼殘暴，因此當他們進入到高雄工作部醫務室時，除了留守的日本兵以外，在場的其他人竟然嚇得落荒而逃，令在場的美軍尷尬極了。[30]

此時的左營軍港衰敗不堪使用，誰都沒想到後來的大環境與世界局勢變動之快，把左營深深捲入其中，迅速地脫胎換骨。

1. 參見王御風，《高雄雙城記：左營聯鳳山》（臺北：玉山社，2012）。

2. 王瑛曾，《重修鳳山縣志》（臺北：臺灣銀行經濟研究室，1962），頁 22。

3. 王瑛曾，《重修鳳山縣志》，卷二〈津渡〉，頁 42。

4. 王瑛曾，《重修鳳山縣志》，卷七〈海防〉，頁 198。

5. 〈一甲千圓の土地が　五千餘圓に暴騰　左營の部落民狂喜〉，《臺灣日日新報》日刊（1937 年 3 月 8 日），第 5 版。

6. 上野長三郎，〈港湾小ばなし　高雄軍港の想い出〉，《港灣》（東京：日本港灣協會，1971），頁 73-74；黃文冊，〈高雄左營眷村聚落的發展與變遷〉（高雄：國立高雄師範大學地理研究所碩士論文，2007），頁 3；劉芳瑜，《海軍與臺灣沉船打撈事業（1945-1972）》（新北：國史館，2011），頁 23。

7. 上野長三郎，〈港湾小ばなし　高雄軍港の想い出〉，《港灣》（東京：日本港灣協會，1971），頁 73-74。

8. 以上參見〈日本海軍物資接收目錄（高雄地區）〉，國家發展委員會檔案管理局，檔號：B5018230601/0034/701.1/6010。

9. 李文環，〈漁塭變軍港──萬丹港之歷史地理研究〉，《白沙歷史地理學報》，第 2 期（2006），頁 139-141；劉芳瑜，《海軍與臺灣沉船打撈事業（1945-1972）》，頁 22-23。

10. 負責接收的李世甲將軍認為，左營軍港的完成度不到一半。參見李世甲，〈接收廈台澎日本海軍投降記〉，《中華民國海軍史料》（北京：海洋出版社，1987），頁 976。而海總二署陳處長認為左營港只完成 20%。參見〈港口修整座談會綱要（1950 年 4 月 20 日）〉，〈臺澎金馬港口碼頭整修案〉（1947.5.1~1959.7.31），國家發展委員會檔案管理局，檔號：B5018230601/0036/941.3/4010.2。

11.　可參照〈美軍五萬分之一地形圖〉，《臺灣百年歷史地圖》
　　　網站。

12.　〈廊後の新廳舍に　高雄警備府開廳式　けふ高木司令官迎
　　　へ〉，《臺灣日日新報》夕刊（1943 年 4 月 2 日），第 1 版。

13.　〈高雄州高雄ヲ要港ト為シ其ノ境域ヲ定ムルノ件〉。国
　　　立公文書館編號：A03022813000；黃有興，《日治時期馬
　　　公要港部臺籍從業人員口述歷史專輯》（馬公：澎湖縣政
　　　府文化局，2004），頁 19；陳咨仰，〈戰後臺灣地區海軍
　　　的接受與重整（1945-1946）〉（臺南：國立成功大學歷史
　　　研究所碩士論文，2013），頁 39。

14.　〈吳春草女士訪問記錄〉，收入黃有興，《日治時期馬公
　　　要港部臺籍從業人員口述歷史專輯》，頁 63、64。

15.　〈高雄海軍警備隊戰時日誌戰鬪詳報（2）〉（昭和 19 年 4
　　　月 20 日～昭和 20 年 3 月 31 日）。アジア歷史資料センタ
　　　ー編號：C08030488500。

16.　〈鄭維青先生訪問記錄〉，收入黃有興，《日治時期馬公
　　　要港部臺籍從業人員口述歷史專輯》，頁 72。

17.　〈陳金溪先生訪問記錄〉，收入黃有興，《日治時期馬公
　　　要港部臺籍從業人員口述歷史專輯》，頁 129。

18.　蔡錦堂編著，《戰爭體制下的臺灣》（臺北：日創社文化，
　　　2006），頁 114。

19.　〈高雄海軍警備隊戰時日誌戰鬪詳報（1）〉（昭和 19 年 4
　　　月 20 日～昭和 20 年 3 月 31 日）。アジア歷史資料センタ
　　　ー編號：C08030488400。

20.　蔡錦堂，《戰爭體制下的臺灣》，頁 114-115。

21.　Joint Intelligence Center Pacific Ocean Area, Formosa,
　　　JICPOA Bulletin No.49-44, April 15th, 1944, p.29,
　　　RG165, NM 84, Box.481（NARA）.

22.　美國海軍艦隊於 1944 年 10 月 12 日攻擊左營的各式報告甚

多，如 Commander Bombing Squadron 14, Serial 0202, 24 Oct, 1944, RG38, Box.391(NARA)。

23. 高橋武弘，《第六海軍燃料廠史》（東京：第六海軍燃料廠史編集委員会，1986），頁61。

24. 廖德宗、郭吉清，《左營二戰祕史：震洋特攻隊駐臺始末》（臺北：遠足文化，2018）；亦可見范綱倫，〈臺灣地區震洋特攻隊之研究〉（臺北：國立臺北藝術大學建築與文化資產研究所碩士論文，2013）。

25. 〈臺籍日本水兵憶戰時左營：陳金村先生〉，收入張壽齡，周宜慶，張彩玥，《鎮海靖疆：左營軍區的故事》（臺北：海軍司令部，2016），頁210。

26. 勝目純也，《甲標的全史》（東京都千代田：イカロス出版，2019），頁161、162、251；「第一艦艇」，〈臺灣海軍情報資料〉（1946.10.30），國家發展委員會檔案管理局，檔號：B5018230601/0035/511.1/4010/1/002。

27. 〈第2節第2項 全面的特攻化戰備と本土決戰防衛準備〉，アジア歴史資料センター編號：C16120668400。

28. 郭冠佑，電話訪談張惠林少將，2023年4月23日。

29. 菅原榮治編，《幸運の蓬莱島：台湾屏東会記念誌》（岩手縣：前澤町農業協同組合，1983），頁69-70、115；〈戰史資料　第１２師団〉。アジア歴史資料センター編號：C11110358900。

30. 〈吳春草女士訪問記錄〉，收入黃有興，《日治時期馬公要港部臺籍從業人員口述歷史專輯》，頁64。

從戰火
迎向重生

・**戰後的接收與修復**

　　1945 年 8 月，日本投降了，同一年的 9 月 1 日，國民政府在重慶宣布成立了「臺灣省警備總司令部」，由臺灣省行政長官陳儀兼任臺灣省警備總司令，準備來臺灣執行臺灣本島和澎湖列島的受降、接收、警備等的任務。[1] 10 月 5 日，臺灣省警備總司令部的人員們飛抵臺北，接收了由日本人建造的臺灣總督府。[2] 從此，臺灣進入了下一個世代。

　　要說到當時國民政府來臺接收的情況嘛，1945 年 10 月臺灣警備總部赴臺執行軍事接收工作，由第二艦隊司令李世甲少將擔任海軍組的接收組長。當時李世甲率 1,500 名海軍官兵，以 200 噸的海平砲艇擔任旗艦，領 20 艘帆船赴臺。[3] 雖然海軍的人力十分不足，但官兵們仍投入接收工作，在 1946 年時總算有了初步整理的結果。

　　戰後的「接收」分很多種，有制度上、建築上、物資上等各式各樣的接收，我們以中華民國海軍的「軍事接收」為重點來看，海軍以臺北、馬公、高雄三地為接收重點，因為這三處就是日本海軍設備和物資最為集中的地方。拿船艇來說好了，總數 702 艘，馬公有 48 艘、臺北

有 123 艘，高雄有 531 艘，高雄就占了 75%。其他如糧秣、機器資材、彈藥、醫療器材等，也有 5 到 7 成的比例都在高雄地區。你看看，可見在日本人心中高雄在海運上是無比重要，也可以看出他們想把高雄打造成海軍大本營的企圖，[4]而海軍重鎮又是以左營軍港為核心。

當時任第二艦隊司令的李世甲少將，是海軍組的接收組長，負責與當時日本帝國海軍黑瀨浩少將執行交接任務。[5]在李世甲將軍回報的交接報告中，詳細記錄了接收的左營軍港的設備與物資數量。報告裡寫到，海軍的軍人與技術人員有 5 萬多人，海事人員則不到 2 萬，且「艇船皆係小型，中多損壞」。船塢只能容納 100 噸船隻，不過港邊的日本海兵團營區還勉強能使用，可以容納 500 人進駐。設備方面則接收了雷艇 6 艘、敷設艇 1 艘、驅潛特務艇 2 艘、潛水艇 2 艘、陸零米粍聯裝高射砲 1 尊、探信儀 1 座、震洋艇 208 艘。[6]除了這些以外，當時的海軍也從日本接收賠償艦。

日本第三批賠償艦由董沐曾海軍代將簽署接收文件
／袁英麟提供

　　同時，李世甲也發現了左營規模雖然宏大，但根本還沒竣工。即便如此，它的規模仍然相當宏大。李世甲信誓旦旦地說，若能延用並加以發展，不但可以節省時間、成本、人力，還能有效提升海軍的實力。於是，中華民國海軍基於李世甲的接收報告結果，對左營軍港的未來方向定下了第一個處置命令：「按照日方建港藍圖，繼續進行建設。」[7]於是，左營＝海軍的傳統便傳承了下來，奠定了左營發展成海軍重鎮的基石。

　　可惜的是，雖然決定了要繼續沿用日本的經營方針：把左營打造成海軍重鎮。但戰後初期，國共內戰與臺灣島內的時局都很不穩，左營軍港遲遲沒有等到下一步的修復動作。一直要到 1947 年以後，才開始有大規模的修復進展。當時海軍代總司令桂永清中將向參謀總長陳誠上將表示，海軍正在進行左營港的清港業務與打撈作業，撈起的物資會予以變賣，並將賺到的錢作為左營的復港、築堤、建塢等的經費。[8]同時，蔣介石也要求將臺灣與澎湖的海軍基地建立起來，於是，針對臺灣本島與澎湖一系列港口的淤砂疏浚和沉船打撈的工程，終於在各港灣緩緩地開工了。[9]

桂永清／袁英麟提供

　　呂寅生的父親呂樹曾先後在澎湖、基隆的日本海軍船廠工作，二戰結束後，由於中華民國國軍的接收人員裡沒有工業背景的人，只能廣泛徵召在日軍中當過工具的臺灣人。他的父親便在 1948 年 7 月被徵召到了桃子園，參與左營軍港與眷村的修復工程。呂寅生的父親曾跟他說過，當時雖然中華民國國軍與受日本教育的臺灣人語言不通，曾發生過因為臺灣人習慣講日語而造成的「省籍衝突」，不過在專給獨身人員居住的自勉新村中，福州與臺灣的青年住在一起，相處還算和樂。不過畢竟「新時代」已經到來，不能再講以前舊時代的日語，所以軍方會讓他們臺灣人透過演話劇的方式來學中文。[10]

左營軍港的修復

　　至於左營軍港的疏浚與建設，其實一直有在進行，只是經費拮据下，加上戰爭的破壞與干擾，進度相當緩慢。戰後初期雖已展開浚港工程，但整體而言還是得花上至少十餘年才能完成。而且，鉅額的工程經費和後續相關航道設備的費用，對國家財政來說，也是一筆龐大的金額，一時之間根本無法負擔。只好優先著重在整建東碼頭的設施，同時還得一邊拍賣不需要的物資來籌錢才能繼續下去。為了省錢，從港灣中被打撈出、尚未拆解完畢的大小沉船，則交由民間的打撈商來處理。[11]

　　1950 年，左營軍港建設完部分設施，可以讓艦隊停泊與整備。但此時又碰到了一個大問題：左營軍港北部恰好是後勁溪的出海口，經常淤積大量泥沙，阻礙航行。1952 年經高雄市方面的多次陳情後，政府進行「草潭埤第 3 期水利工程」，將後勁溪中游以下的河道全部取直加寬，並將出海口改道蚵仔寮，不再經由左營出海，這才解決了問題。然而，左營軍港雖然得到了更大的發展空間，代價卻是後勁溪出海口的魚塭全部消失了，高雄市還為此賠償了 170 萬元。[12]

海軍左營軍區大樓：鎮海樓，攝於 1953 年 1 月 18 日／袁英麟提供

　　在左營軍港修復工程進行的同時，周遭相關的建設，如左營軍區的設施與眷村，也相繼投入興建。1949 年中華民國政府撤退來臺，來自大陸各省的軍人與軍眷，將帶著對未來的不確定，大批大批地湧入高雄左營，在這塊濕熱的南國之地展開全新的日常，他們會在這裡開枝散葉，融入臺灣社會。

　　而這段時間，可以說是左營最為擁擠的時期，如何安置這麼多的人，同時編制人員、修復設備、完備武裝，已經不是當時的政府能獨自完成的。因此，身為中華民國的盟友與「自由陣營」的領袖：美國，就在這個時刻姍姍來遲。

⎛之二⎞・美援來了

1950 年代的臺灣經歷過二戰、二二八、國共戰爭等的摧殘，各種經濟與資源委靡不振，窮得響叮噹。剛好就在這個時刻，美國的援助到來，不只解救了臺灣的經濟，更大大影響了左營軍區的發展。

「沒有美援，就沒有現在的左營。這句話一點都不誇大！」左先生表情嚴肅地說。

而美國對中華民國的援助，其實從二戰期間就有了。在 1941 年，美國為了協助中國抵抗日本的侵略，便根據租借法案，派遣軍事顧問團到中國負責整備與訓練新軍，這可以說是中華民國接受的最初的「美援」。二戰後，隨著國共戰爭局勢的惡化，美軍顧問團逐漸撤離中國，到 1949 年最後一批美軍顧問團離開了中國大陸的土地。[13]

雖然美國官方的援助中斷了，但非官方的援助仍然存在。1949 年 12 月，國民政府遷到臺灣。為了因應中國共產黨的威脅，還有整頓在臺灣的軍事力量，蔣中正在 1950 年 4 月籌備了「特種技術團」，簡稱「特技團」，僱用美國各軍種退伍官兵和民間的技術人員來臺，充當中華民國三軍的顧問。特技團團長是美國海軍退役上將科克（Admiral Charles M. Cooke），海軍總部則由谷羅斯克夫少將（H.L. Grosskopf）與安塞少將（Walter Ansel）所領導的七人小組擔任顧問團。除了一人駐守在臺北以外，其他人全駐守在高雄左營，由此可見左營的重要性。[14]

　　至於特技團「顧問」到底是要做什麼呢？這些美國顧問的工作有出席海軍各項重要會議、考核修船進度、艦艇的保養清潔檢查、各重要基地的視察參觀、海軍學術講義的編撰與講授、重要決策的建議諮詢⋯⋯。不過，特技團畢竟是非官方的，也存在一些問題，例如契約不長、人事異動頻繁、少部分不適任者影響效率等。但至少身為「美援先鋒」的他們，已為左營打下了海軍軍事基礎。[15]

　　1950 年韓戰爆發，美國政府意識到了共產世界擴張的危險性，畢竟美國的利益與遠東的秩序息息相關。於是美國下令第七艦隊協防臺灣海峽，並根據《共同防禦互助法》（Sino-American Mutual Defense Treaty）的「三○三條款」（Mlutual Defense Assistance Act, Section 303）金援臺灣高達上千萬美元，還在臺灣設立了美軍顧問團。[16]

　　這就是臺灣人所熟知的因韓戰而來的「美援」，而這的確也是臺灣在中華民國政府下受到的第一次「官方的美援」。

　　首任美軍顧問團的團長蔡斯將軍（William C. Chase）在 1951 年抵達臺灣，顧問團在臺北正式落腳，而海軍組則理所當然地來到海軍重鎮左營基地。美軍顧問團設正副組長各一人，工作內容就是在軍援目標範圍內建議、協助、指導海軍與陸戰隊。[17]

　　美軍顧問團海軍組在左營海軍基地成立一年後，有感於海軍陸戰隊與其他軍種不同的特殊性，在 1952 年 7 月決定增加成立「海軍陸戰隊顧問小組」，對海軍陸戰隊特別進行了整編的工作。[18]

中美海軍軍官於左營海軍總部二樓洋臺合影，攝於 1954 年 9 月前／袁英麟提供

1952 年桃子園的陸戰隊營舍／袁英麟提供

中美軍官檢閱海軍陸戰隊登陸演練／袁英麟提供

　　美軍顧問團不只在臺灣的軍需方面十分認真對待，同時也留意到了軍校的問題。例如 1952 年 8 月，海軍在左營桃子園營區成立了「海軍陸戰隊學校」，其學制便參照美軍顧問卡尼少校（Robert B. Carney）的研究和美軍陸戰隊學校的學制，再配合中華民國陸軍各兵科學校的學制，正式建立起學校的體制。[19] 陸戰隊的教育與各項訓練才能發展成今日的樣貌。

　　1960 年 5 月，由於中華民國海軍總部從左營遷往臺北，美軍顧問團海軍組便跟著一同遷往臺北辦公。雖然總部移往了臺北，但左營依舊留有海軍顧問小組，而且在海軍組的建制當中，左營的海軍顧問小組長與陸戰隊顧問的小組長是同為首席顧問的，顯見左營的重要性仍然沒有改變。[20]

美軍 in 左營

　　海軍總司令部還在左營的時候，美軍顧問團海軍組的那些美國佬們當然也住在左營，跟著我們一起生活。當時海軍為了迎接這些貴客，

左營有部分的設施甚至是特地為了他們而建的，例如軍區內的高爾夫球場。[21] 而他們的居住問題，著實也讓海軍費了不少心思。一開始，他們先被安置在「四海一家」的招待所，之後海軍委託供應總處工程隊，在軍區圓環的西北角、海軍總部大樓北側，興建了水泥瓦屋頂平房的宿舍，名為「海友新村」，頗有「海外的朋友」之意。在 1955-56 年間，由於顧問團海軍組的成員增加，於是在海友新村原址再向北側及西側擴建，另外也在前峰尾地區特別為他們興建了美軍顧問團專用的俱樂部（後改名為海光俱樂部）。初期所建的海友新村，由於位在左營軍區內部，就叫「內海友新村」，住的是高階軍官。後期建在軍區外面的，就稱「外海友新村」，供基層官兵住。而美軍的眷區與俱樂部，除了美籍官兵和應聘、幫傭的工作人員之外，外人是不得隨意進出的，反映出海軍對於這些海外朋友的身家安全的重視。[22]

外海友新村故址現為昇園招待所／杜正宇提供

　　這些美軍在左營，當然免不了與海軍和當地人交流。曾任海軍副總司令的池孟彬將軍就曾與海軍組人事顧問舒格中校（Donald F. Schug）私交甚篤，不只在工作業務上彼此交流，假日也會互相拜訪，相約吃飯或喝咖啡。池孟彬之後赴美擔任駐美武官時，舒格也邀請他到私人農場度假。[23] 曾在第七艦隊「塔羅瓦那」號油料補給艦服役的美軍杭斯禮補給士（Cecil Hensley）曾說，他一年會有兩次到左營進行補給，也曾在左營海軍組擔任運送海軍物資與郵件的任務，所以對於臺灣的風土民情，有著近距離第一手的觀察。他印象最深的是在左營港區的小孩子，這些可愛的小孩們出於好奇心，總是很想看看美軍的船艦，令他們美軍十分緊張。而有時他們美軍基於好玩的心態，會故意丟銅板給小孩子們玩。令他們驚訝的是，這些臺灣小孩居然能毫不猶豫地跳下海，潛水到港內很深的泥底，挖出落海的銅板！[24]

　　1950 到 70 年代，被劃入反共勢力一員的臺灣左營，接待了許多美籍軍官和外籍訪客，當時的左營可是相當國際化的。左營的大街上也在不知不覺間，出現了許多外國面孔的人。左營第四公有零售市場就因為美軍常在這裡採購軍需品，攤販為了招攬客人，常此起彼落地喊「Hello（哈囉）」，因此得了一個看似惡搞，實際卻真實存在的可愛別名：「哈囉市場」。[25] 市場內，兩個國家的人在溝通時，總是比手劃腳外加雞同鴨講，但最後總會完成買賣，讓人會心一笑。作家駱雄華也曾說過，他兒時就住在左營，每天上學、放學都會看到美國人，可見頻率之高。[26]

　　在海軍子弟學校大門正對面就是美軍福利社和附設的游泳池，福利社會販賣美國的日常用品，有當時罕見的洋菸、洋酒、可口可樂、巧克力和咖啡，由於這些貨品是免稅的，十分受眷村大人們的歡迎。游泳池

則是更加吸引小孩的目光，總是想進去一窺究竟，但美軍的設施大多有憲兵看守，沒辦法進入。[27] 就算是現代，大家看到外國面孔的人也會好奇地多瞧幾眼，更何況是當時眼界未開、純樸的臺灣了。金髮碧眼、穿著軍服的高大美國人，極其惹眼地昂首闊步在左營大街上，而大街兩旁是睜著圓圓大眼、目不轉睛注視著他們的小孩子，這樣的場景，是在當時的左營經常上演的日常光景。

不只美軍現身左營，當時中華民國被美國納入反共陣營，連帶著和當時同為反共陣營的國家如南韓、獅子山、挪威、塞內加爾、印度、加彭共和國、巴西、瓜地馬拉、澳大利亞、泰國、義大利、西班牙等有許多的國際交流。[28] 這些國家的外賓之所以會來到左營，訪問中華民國的海軍基地，自然是與當時冷戰時期的國際情勢有關。現在，中華民國已

原美軍俱樂部（今海光俱樂部）現況／杜正宇提供

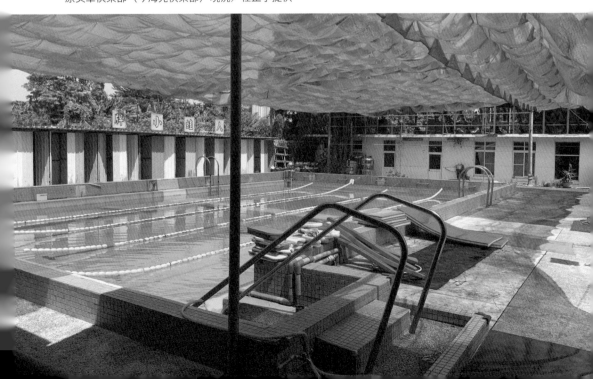

經不在聯合國的體系之中，不被國際承認為一個國家，也就沒有了昔日這些官方國際間的往來，令人不勝唏噓。

美援的影響

　　整體來說，為什麼「美援」在臺灣歷史中如此重要、屢被提起？是因為它的確非常重要，大大影響了臺灣各個面向、尤其是左營海軍的發展。

　　例如，政府遷臺初期的時候，當時左營、基隆、馬公等的基地還沒從戰爭破壞中修復完畢，機能都不完善。曾任海軍總司令的劉廣凱將軍在回憶錄中曾說到，當時海軍的修造能力和補給能力不足，基地的整體設備也不足，對於艦艇隊的作戰支援能力有限。但在美援進來之後，美援艦艇的增加，不只有效提升了海軍的戰力，物料、配件、彈藥也充足了起來，修護補給能力大幅提升，基地內的建物也增加了不少。軍港、港灣、碼頭建設、油、彈、水、電儲存設備、基地補給、修護、醫療、整補……，幾乎全方面都得到了飛躍性的補足與成長。[29]

　　不只物資設備，美援實際挹注的「金援」也很可觀，就目前可得的檔案資料顯示，單就「軍援」部分，1951-55 年之間，美援的金額總數就高達 10 億美金！[30] 一直因為資金不足而修復緩慢的左營軍區，也是在美援的資金到位後，才得以如願以償地展開各項硬體建設修繕，除了修理大小艦艇之外，也修建了左營與馬公的碼頭與營房等。[31]

　　「有趣的是，左營軍區會落到如此殘破不堪的原因，有很大部分是因為二戰期間受到了美軍密集的轟炸與破壞，誰能想得到不過十幾年

海軍總司令黎玉璽（後）
陪同外國將領檢閱海軍
艦艇／袁英麟提供

後，變成了美軍幫助左營修復他們當年親手造成的毀壞。真是風水輪流轉，世事難料啊。」左先生苦笑著說。

　　而美援除了資助硬體設備與金錢援助等實體層面以外，也照顧到了海軍的人才培養、作戰技術等軟體層面。像是海軍官校的制度，就是參照美國海軍官校的學制加以改革而來的。另外，在美援期間也相繼成立了海軍指揮參謀大學、士官學校、通信電子學校、兵器學校、海軍工程學院、海軍陸戰學校、陸戰隊士官學校……，可說是對海軍總體的教育

1957 年時的海軍左營軍區大樓：鎮海樓／袁英麟提供

制度也有著舉足輕重的介入與影響力。[32]

　　為了能更有效地運用美援的艦艇與引進先進的海軍知識，中華民國海軍也會派員到美國海軍基地接受各項專科的訓練，目的除了要訓練出可以操作美國軍艦的人才以外，同時也希望能提升海軍整體的學術與技術能力，增廣見聞。[33]

　　曾任海軍總司令的葉昌桐上將在回憶錄中提到，他有 4 次遠赴國外受訓的寶貴經驗。當時要到美國受訓，都需要經過考試的篩選，在1950-60 物資缺乏的年代，軍人們都很嚮往到美國留學，除了能獲得更多的專業知識以外，也有優渥的薪津待遇。[34] 在海軍大學受訓時，葉昌桐觀察到美軍對軍官的訓練方式、考核方式都很不一樣，從中感受到美國海軍的優點與我國海軍的不足。出國留學也有機會和不同國籍的學生交流，開拓國際視野。[35]

　　曾任海軍總部副參謀長的雷學明中將曾說過他的赴美受訓歲月，每一個訓練班就像一個小型的聯合國，在 1972 年他參加訓練「反潛作戰高級班」，總共 11 位學員，裡面就有來自 7 個不同的國家的人。除

海軍指揮參謀學校、海官校、海機校等集合聽訓。攝於 1953 年 12 月 2 日／袁英麟提供

海軍軍士官於美國潛艦
學校（康乃迪克州）受
訓／黃修建提供

了學習專業知識以外，吸收不同國家的思維，那個收穫才是真正無法衡量，難以用筆墨形容。[36] 而赴美受訓的軍官回國之後，也會將所學貢獻於海軍，大大提升海軍的軟實力，使海軍的建軍更加完善。

　　然而，說了這麼多美援的好處，但國與國之間不可能有無關利益的佛心行為。美援雖然帶給臺灣許多「好處」，但同時也對各項「給予」施加上不少限制。例如：中華民國海軍雖然接收了許多的美國艦艇，大大提升了戰力，但根據美援條例的規定，美國海軍對於自家的艦艇仍有相當大的監督權利。

　　「白話點的意思就是：臺灣啊，我送給你的東西雖然是你的了，但你還是不能未經我同意隨便使用喔。」左先生不知道在模仿著誰，卻怪唯妙唯肖的，害我不禁笑出聲。

向美國購買的海豹號潛艇（原美軍茄比級）／黃修建提供

「畢竟他們沒有任何理由無條件對我們好嘛，人與人之間不可能，國家與國家之間就更不可能了。」我瞭然地點頭。

「沒錯，你看得很通透。美援給予臺灣的物資，其實很多是美軍二戰的剩餘物資，或是淘汰掉的軍品，講白點就是他們不要或用不到的東西。美國不會、更沒有義務去為了中華民國建軍的長期發展，來規劃贈援物資。所以，我們海軍只能在別人的略施小惠下努力成長。」

不過大致來說，這波冷戰時期（1951.5-1979.3）的美援，還是對臺灣及左營的影響非常深遠。不只救濟了臺灣的經濟發展，也是讓左營得以脫胎換骨、成為現代化軍事基地的關鍵。

然而，國際情勢瞬息萬變，隨著美國與中華人民共和國的關係逐漸改善，當然也無法避免地影響到了美國和中華民國的關係，以及美軍顧問團在臺灣的業務。1977 年 9 月，美軍顧問團海軍組結束了駐在中華民國海軍總部的業務，遷往顧問團本部辦公，並改名顧問團海軍後勤組。1978 年 3 月，又更名為美軍協防司令部暨陸戰隊安全協助事務特別助理。同年年底，美國宣布與中共建交，與中華民國斷交，身為官方的美軍顧問團非常現實地立刻結束了在臺灣的業務。1979 年美國在臺協會成立，與海軍有關的軍售、技術及訓練等業務，從此改由美國在臺協會轄下的技術組辦理。[37]

講到了一個段落，左先生口乾舌燥，把桌上大水瓶裡的水一飲而盡，意猶未盡地叫來服務生加水。而我則在腦中梳理著大量流入的資訊，劈里啪啦地不停敲打著鍵盤。

1. 〈派該長官兼任臺灣省警備總司令檢發收復計劃大綱一份〉。國家發展委員會檔案管理局,檔號:0034/002.6/4010.2。

2. 楊護源,〈終戰後臺灣軍事佔領接收的籌備準備(1945.08.15-10.31)〉,《高雄師大學報》,第37期(2014),頁1-16。

3. 李世甲,〈我在舊海軍親歷記(續)〉,收入中國人民政治協商議福建省委員會文史資料編輯室編,《福建文史資料》第八輯(福州:福建人民出版社,1984),頁41、42。

4. 陳咨仰,〈戰後臺灣地區海軍的接收與重整(1945-1946)〉,頁78-87。

5. 〈臺灣海軍部隊編制表〉,〈臺灣海軍情報資料〉(1946.10.30),國家發展委員會檔案管理局,檔號:B5018230601/0035/511.1/4010/1/002;李世甲,〈我在舊海軍親歷記(續)〉,收入中國人民政治協商議福建省委員會文史資料編輯室編,《福建文史資料》第八輯,頁44。

6. 各艇有機器者為160艘。〈據臺灣李司令呈報光復後接收高雄日海軍艦艇等特電轉呈察鑒由(1945年11月14日)〉,〈臺灣區日本海軍資產接收案〉(1945.09.01~1946.01.31),國家發展委員會檔案管理局,檔號:B5018230601/0034/701.1/4010。

7. 李世甲,〈我在舊海軍親歷記(續)〉,收入中國人民政治協商議福建省委員會文史資料編輯室編,《福建文史資料》第八輯,頁45。

8. 〈擬具上行政院呈文稿請飭臺灣省政府迅籌撥款項辦理高雄基隆馬公等港浚港建設一案呈請鑒核施行(1947年5月10日)〉,〈臺澎金馬港口碼頭整修案〉(1947.05.01~1959.07.31),國家發展委員會檔案管理局,

　　　　檔號：B5018230601/0036/941.3/4010.2。

9.　〈臺澎金馬港口碼頭整修案〉（1947.05.01~1959.07.31），
　　國家發展委員會檔案管理局，檔號：B5018230601/0036/
　　941.3/4010.2。

10.　〈憶兒時要塞眷村生活：呂寅生先生〉，收入張壽齡，周宜慶，
　　張彩玥，《鎮海靖疆：左營軍區的故事》，頁220-221。

11.　「港口修整座談會綱要（1950年4月20日）」，〈臺
　　澎金馬港口碼頭整修案〉（1947.05.01~1959.07.31），
　　國家發展委員會檔案管理局，檔號：B5018230601/0036/
　　941.3/4010.2。

12.　〈草潭埤第三期工程　首期全部完工〉，《聯合報》（1955
　　年9月9日），第5版。

13.　海軍總司令編，《海軍艦隊發展史（二）》（臺北：國防
　　部史政編譯局，2001），頁721-725。

14.　同前註，頁727-734。

15.　同前註，頁727-734。

16.　同前註，頁735-739。

17.　同前註，頁739-740。

18.　孫建中主編，《中華民國海軍陸戰隊發展史》（臺北：國
　　防部史政編譯室，2000），頁76-77。

19.　孫建中主編，《中華民國海軍陸戰隊發展史》，頁164-165。

20.　海軍總司令編，《海軍艦隊發展史（二）》，頁739-742。

21.　〈訪談徐學海將軍〉，收入鄧克雄主編，《美軍顧問團在
　　臺工作口述歷史》（臺北：國防部史政編譯室，2008），
　　頁96-97。

22.　黃文珊，〈高雄左營眷村聚落的發展與變遷〉，頁98。

23.　張力、曾金蘭，《池孟彬先生訪問紀錄》（臺北：中央研
　　究院近代史研究所，1998），頁117。

24. 鄧克雄，〈訪談杭斯禮先生〉，收入鄧克雄主編，《美軍顧問團在臺工作口述歷史》，頁 244-247。

25. 林昀熹撰文、張世明繪圖，《漫畫高雄歷史》（高雄：高雄市政府文化局，2004），頁 149。

26. 駱雄華，《塵土上的陽光：海軍左營眷村憶往》（臺北：獨立作家，2014），頁 129。

27. 同前註，頁 129。

28. 〈海軍第一軍區司令部活動紀要〉（未出版，1964）。

29. 劉廣凱，《劉廣凱將軍報國憶往》（臺北：中央研究院近代史研究所，1994），頁 73-74。

30. 吳淑鳳等編輯，〈黃雄盛等呈蔣中正伉儷接見藍欽及離臺前之蔡斯談國軍改進案紀錄（44.06.19）〉，《中華民國政府遷臺初期重要史料彙編——中美協防（二）》（臺北：國史館，2013），頁 524-525。

31. 吳淑鳳等編輯，〈賴名湯、馬紀壯報告防禦條約簽訂後重要軍事政策之檢討及建議（43.12.21）〉，《中華民國政府遷臺初期重要史料彙編——中美協防（二）》，頁 77。

32. 〈訪談黃世忠將軍〉，收入鄧克雄，《美軍顧問團在臺工作口述歷史》，頁 44-55。

33. 劉廣凱，《劉廣凱將軍報國憶往》（臺北：中央研究院近代史研究所，1994），頁 73-74。

34. 鄧克雄主編，《葉昌桐上將訪問紀錄》（臺北：國防部史政編譯室，2010），頁 97-98。

35. 同前註，頁 144-148。

36. 〈訪談雷學明將軍〉，收入鄧克雄主編，《美軍顧問團在臺工作口述歷史》，頁 131-132。

37. 海軍總司令編，《海軍艦隊發展史（二）》，頁 739-742。

一個時代的
傲骨風華

「佘老師，我有點好奇，請問你對『外省人』的印象是什麼？」左先生問。

我有些慚愧地紅了臉，雖然現在已是 2024 年，實在不想再用「本省」與「外省」這兩個詞，但我的確是「土生土長」的「本省」小孩，對眷村與外省文化可說是毫無概念。縱使求學過程中遇過「外省人」同學，但在我們這個年齡層，早已經是外省第三、四代，他們幾乎已與「本省人」無異，大家都是「臺灣人」。

「我、我沒有這麼明確的區分過他們，所以不太清楚……」我支支吾吾。

左先生絲毫不在意，微笑著說他自己住過眷村，幫忙聯繫上了一些眷村出身的朋友，不同眷村出身的人的經驗會有些許不同，應該會對這本書能有更多面向的幫助。

我太感激他的熱心了，當他的朋友們前來群聚一起時，我們愉快地聊了起來。從他們的談話間，我對眷村的歷史與樣貌也有了更清晰的了解。

之一　‧「外省人」來了

　　眷村，可以說是臺灣社會一個最為珍貴獨特的風景。想不到小小的眷村裡，可是濃縮著廣闊大陸各省的文化精華，加上臺灣獨特的時空環境，淬鍊出整整一個時代的傲骨風華。

　　臺灣在 1945 年二戰結束後的五年間，可說是動盪不安。當中，除了爆發了影響臺灣至深的二二八事件，還要在拮据困難的窘境下修復被空襲炸毀的各種設施，加上國共內戰戰火越燒越烈、韓戰帶來的影響……「戰爭」最後的結局是，大批的軍人攜家帶眷、從中國大陸渡海來臺。這些人來自中國各地：青島、南京、上海、舟山、馬尾、廈門、廣州、榆林、定海、長山八島……這麼多不同地方的人們，操著不同的口音，臉上盡是難言的神情，頹敗地一同擠在臨海的港口，忍痛拋棄他們的故鄉，即將前往一個未知的土地……那到底是一個怎麼樣的情景？

　　1954 年出生在左營眷村的周治東就說，1949 年撤臺時，他的爸爸擔任陸軍野戰醫院院長，為了能搭上來臺的軍艦，轉當海軍的隨艦醫官，[1] 可見當時要來臺灣並非如此容易。「母親則是千里尋夫，輾轉來臺。她千里迢迢抱著才幾個月大的二姊，吃盡了苦頭，沿途用她身上的首飾、金戒子換取食物、船票才能如願抵達臺灣。」周治東說，好在當盤纏用盡時，他的母親竟剛好在基隆港邊巧遇丈夫的部下，一家人才能順利團聚。[2]

　　林屏則說，因為他的父親是擔任中字號登陸艦的艦長，才能因職務之便，將林屏的媽媽、舅舅、堂兄弟與姊姊共 10 人都帶來臺灣。[3] 另一

位魏卿說，他的爸爸是海軍士官，1949 年撤退的時候，由於前往南京的鐵路被共軍破壞，他爸爸只能忍痛放棄元配與兒女，帶著魏卿的媽媽一同搭船離開大陸。[4]

　　高啟瑞說，他的父親高世達遷臺前擔任海軍浦口造船廠的廠長。當時的形勢對政府已不太有利，於是奉海軍總司令桂永清之令，把工廠遷到上海外海的定海。國共內戰末期，父親來臺勘查哪個地點適合把工廠遷來，後來選擇旗津，並安排家人先到旗津安頓，1953 年再搬到明德新村。[5]

高世達家人於旗津合影／
高啟瑞提供

　　每一個人身上都是一個故事，數十萬人就意味著有數不盡的分離與悲傷。

　　在離棄故鄉、無奈地來到臺灣的情況下，想必這些軍民在踏上船隻時，一定深深地相信，臺灣不過是中繼站，我們很快就可以「反攻大陸」、很快就可以跟故鄉的妻小團圓、很快就會回來……

　　誰知道這一去，竟彷彿生離死別。

　　臺灣就這麼點兒大，一時之間突然湧入了數十萬的人，他們要住哪呢？要怎麼生活呢？

　　1949 年 11 月，時任東南軍政長官的陳誠下令，成立「軍眷管理處」。從此以後，臺灣的眷村制度大抵依照著東南軍政長官公署的制度為基礎去運行。

　　畢竟人數太過龐大，一時之間沒有這麼多空房子與空間讓他們居住，他們只能想方設法在軍營區附近找地方定居。許鳳祥說，1949 年跟媽媽和海軍陸戰隊服役的爸爸一起來到左營，他們一開始只能在左營大街租房子住，一直要到 1950 年代中旬，才能遷入當時剛竣工不久的眷村。[6] 陳有鵬說他們一家剛來到高雄時，海軍總司令部在左營附近臨時包下幾間旅社供他們居住，他們住進了位於七賢三路的旅館，之後再遷到「金馬賓館」旁的路橋下。路橋下，想當然環境是十分惡劣的，在三十幾戶人家組成的大雜院中，全村甚至是共用一個水龍頭與髒亂的公廁。[7]

有的人只能住在海軍軍區周遭的學校走廊、防空洞、倉庫、寺院或違建裡，甚至是直接露宿野外，彷彿無家可歸的流浪漢。

有房才有家，就像結婚好似一定要買房一樣。那麼，這些連住的地方都沒有的「流浪漢」單身軍人們，還能結婚嗎？

在當時的政府眼裡，看來是不能結婚的。

當時竟有這麼一條殘忍的法令：〈戡亂時期陸海空軍軍人婚姻條例〉規定現職軍官、軍事文官與技術士官在 28 歲以前不能結婚，而一般的職業軍人與非技術士官則完全不許婚配。[8]這就說明了為何這麼多「老榮民」直到晚年，局勢生活安定了，才終於娶妻，甚至很多人終身未娶、直至臨終都沒能在臺灣擁有自己的「家」，令人不勝唏噓。

為了安置這些來到臺灣的軍民們，1949 年海軍總司令部成立了「海軍服務大隊」，開始整修左營軍區內遺留的日軍宿舍與倉庫，以供這些軍眷入住。這也是為什麼早年的「眷村」明明給人外省的印象，看上去卻是住在帶有日式風味的房屋，令人有種錯亂感。

 ・ **眷村百百種**

除了整修接收的日軍眷舍外，海軍也在左營海軍軍區範圍內努力新建眷舍，像是新自治、新自立、自助等眷村就不是使用舊有的日軍宿舍，而是新建的。雖說是新建，卻也像組合屋一般簡陋，大部分是使用簡單

的三夾板和甘蔗板拼一拼，就成了「一戶」，面積甚至不到 5 坪。[9] 新自治新村出身的冉芸華說：「廚房跟浴室是同一個空間，沒有任何隔間。記得很小的時候，洗澡前要先在廚房燒一壺水，倒水的時候，大鋁盆就放在地上，我們這些孩子就取水洗澡。廚房裡有洗手臺、灶臺，旁邊只有個小空間可以站著洗澡。門板有縫，冬天的時候冷颼颼。」[10]

三夾板和甘蔗板拼拼湊湊，乍看之下很荒唐、像小孩子扮家家酒，卻是貨真價實的、這些軍眷們住了大半輩子的「家」。

一家老小就這樣窩居在不到 5 坪的空間裡，不僅空間狹小，甘蔗板、竹籬搭建起的眷舍當然隔音效果也很差，住戶間完全缺乏隱私，[11] 有時廁所、壓水井都得跟鄰居甚至全村共用。即便是舊有眷舍，也因房屋拆分居住的關係，變得擁擠。出身建業新村的侯珞怡甚至說她家和隔壁劉、曹兩家是共用一個大門，三家之間只有用籬笆樹區隔起來，還因為這樣被戲稱為「三家村」。[12]

住在這樣克難的「房子」裡，心態難道不崩嗎？
當然崩，怎麼能不崩。

但能讓他們心甘情願、憋屈地住下去的理由從來就只有一個。
「我們必將反攻大陸！」

左先生中氣十足地喊出這句話的時候，在場的人都忍不住笑了出來，但笑著笑著就哭了。

　　沒錯，當時這些軍人軍眷們始終相信著，最後是要回到大陸老家的，在臺灣只是暫時定居，根本沒有久居臺灣的打算。

　　所以住在不到 5 坪的空間裡算什麼呢？等咱回到大陸老家，可是有整整大 50 坪的四合院！

　　跟他人共用茅坑又如何？等咱回到大陸老家，可是有獨立的廁所！冬冷夏熱的木板隔間又如何？毫無隔音與隱私的環境又如何？經濟慘淡沒錢吃飯又如何？等咱回到大陸……

　　左先生就像代替那些老榮民，敘說著他們崇高的反攻夢、逝去的榮光，眼中的光芒明滅不定，破碎又哀戚。

　　或許反攻大陸從來只是藉口，他們想要的，從來就只是回到自己魂牽夢縈的故鄉，抱抱自己的家人，僅此而已。

　　日本人在左營盡心耕耘，留下了許多房舍與倉庫，海軍整修後便分配給軍眷們進住，形成了大大小小的眷村。[13] 像是左營的建業、合群、實踐、自強等新村總共有 1,700 戶，主要配給中階軍官入住。[14] 崇實新村則入住將官、校官、尉官、士官及造船廠的技師、技工。[15]

合群新村

　　「合群新村」位在建業新村的北邊、海軍總醫院的南邊，一開始叫做「合群里」。1950 年海軍總司令部為了方便管理，將「合群里」撤銷，海軍總司令桂永清以「精誠團結，合作無間，群策群力」之意，更名為

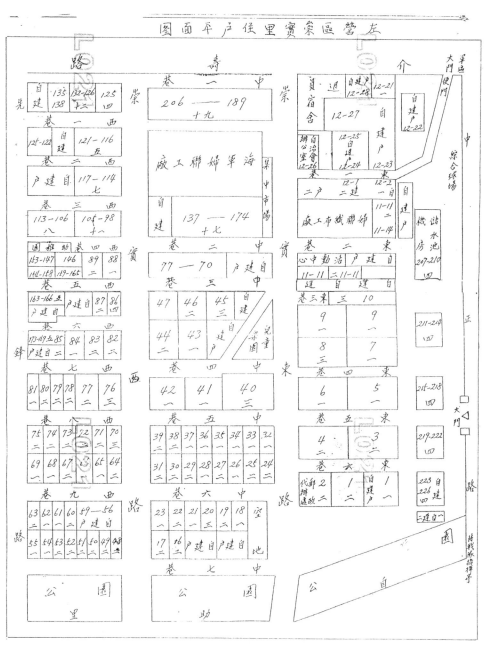

左營崇實里平面圖／袁英麟提供

「合群新村」。每個眷村由於位置與成立原因不同，住的人也大相逕庭。
合群新村主要住的是海軍官校的職員眷屬和部分艦隊官佐的家庭。[16]

　　合群新村出身的崔可勤回憶，他們上廁所是跟「海軍子弟學校」一
樣用茅坑，解放的時候都會看到下面一大群蛆蟲在爬……如果要洗澡，
還只能在院子裡面洗。美其名眷舍中有木板作為每一戶的隔間，也有紗
窗和屋頂，勉強能遮擋蚊蟲跟遮風避雨，但整體來說，生活還是很苦。[17]

　　而在「合群新村」的生活記憶中，匡乃靜說，她家附近鄰居大多在
院子裡種芒果樹，多少給人一種調適。住的房子是長條形，一排可以住
進 10 戶，這 10 戶人家共用一處公廁。不過匡家的廚房加蓋於房舍後面，
所以不需要和鄰居共用廁所。但匡家的房舍也因而僅有前院而無後院，
房子的後方是一條防火巷。[18]

合群新村／方懷智提供

自治新村

　　「自治新村」位於合群新村的西邊，1949 年海軍總司令部對明德新村北邊的 20 棟日軍倉庫進行改建，一樣為了最大限度地容納人，每一棟的內部都用薄甘蔗板再隔成 10 戶，名為「自治新村」，入住 200 戶的海軍軍官士兵及眷屬。[19] 1953 年以後，由於人口激增，海軍又在這批倉庫北邊的空地加建了總共可容納 500 戶的連棟平房，這批新建的建築被稱為「新自治新村」，與原本舊的「老自治新村」作區別。[20]

新自治／吳海緣遺稿（未出版，2012）／袁英麟提供

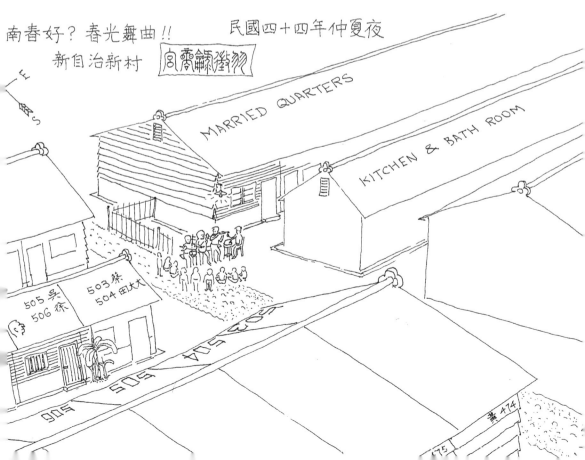

　　周治東回憶到：「老自治的房子是一條通，兩邊有其他住家，即使白天在室內都需要開燈。於是父親請木工陳叔叔在房子的中間開扇天窗，天窗平常可打開，下雨時就要關上。若從前門進屋越往走裡走越暗，走到天窗下就明亮許多，再往房子後面走又變暗了。」[21]

　　陳鎮湘回憶他們在老自治新村的家僅僅只有 4 坪，唯一的房間歸父母，而 6 個孩子們晚上則是在客廳張開行軍床擠在一起睡。廚房是兩家共用一個，泥糊的牆壁隔音非常差。這樣狹小粗糙的「家」僅能勉強遮風避雨，早年遇到颱風的時候，所有住戶幾乎都得躲到海軍總司令部的地下室避難。[22]

　　段競玲回憶，自治新村的房子都很小，他們逐漸長大後，空間不敷使用。她的父親只好把原有的 2 個房間加蓋隔成 4 間，4 個女孩住一間，2 個男孩住一間。客廳跟飯廳同一處，做功課時就把小圓桌組起來，大

新自治裡的小巷弄／姜根弟提供

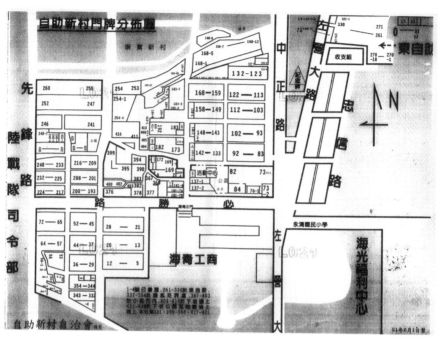

左營自助新村平面圖／袁英麟提供

家在上頭寫作業。他們與對街共用一個廚房，洗澡時則燒大鍋水，用水
瓢沖澡。她說當時自治新村大約住有100多戶人家，每排隔成8-10間，
就像住在火車車廂裡面一樣。而100多戶人家，竟然只有2排公廁。他
們小孩晚上若想上廁所，還得獨自外出走到公共廁所上。大半夜的一個
小孩著實危險，因此很多戶人家後來乾脆直接準備痰盂來用，免去大半
夜外出的不便。[23]

自助新村

　　除了利用日軍遺留的房舍改建而成的眷村以外，當然也有從頭新建
的眷村。

1950 年代，由於人口的增加，海軍緊急新建眷村，其中「東自助新村」位於左營南門的北方，是 1950 年由海軍陸戰隊的官兵們以竹籬、黃土、稻草為原料，所搭建而成的 70 戶平房眷舍，給校級以上的軍官家眷居住。此眷村與「西自助新村」合稱為「自助新村」。[24]

楊振威回憶，剛入住東自助新村的時候，生活設施十分簡陋，每戶甚至連夜間照明的電燈都有數量與使用上的管制，燒水煮飯也得用焦炭。[25]馮翊綱則說：「眷村各家，原本並沒有大門，都是用椿子、板子，意思意思，標示一個『我家』的界線，或者，有講究的竹籬笆，編造縝密，留一段活板，用粗鐵絲圈住，就是『門』了。後來有所改善，疊起了紅磚牆，有些家庭順勢就裝了鐵門，總是不嫌過度隆重，刷著好幾層紅豔豔的油漆，天天過年。」[26]

徐達三一家當年在左營西門城牆附近落腳，沿著清朝遺留下來的城牆搭建自己的房子，後來成為「自助新村」的一部分。徐達三說他的房子蓋好後，家中竟然頻頻出現奇怪的聲響與人影走動，嚴重時臥房的床還會搖晃不止！嚇得徐達三趕緊請法師來超渡。後來他們在庭院立了個「軍魂塚」，每逢初一、十五就要祭祀。有次徐家有事外出，請鄰居李承榮代舷祭祀，李承榮以一般常見的牲禮、米酒祭祀，沒想到隔天徐家老奶奶跟他說：「他們不喝米酒，要喝清酒。」他才知道，啊！原來是日本軍官的鬼魂啊！[27]

自立新村

在「四海一家」與「中山堂」之間有幾座倖存的倉庫，海軍在此基礎上建造了「警衛新村」。1949 年海軍總司令部在警衛新村東邊再度

自立新村／金雲霞提供

設置了新的眷舍，命名為「自立新村」。[28] 由美軍繪製的地圖來看，原水交社建築群規模宏大，海仁會南邊的倉庫群，將本館與住宿區及大排水溝分開。若與當今的地圖疊圖比對，「四海一家」的範圍約為原水交社的四分之一；包含別館在內的其他區域則成為「自立新村」。自立新村的建築占了一半以上的水交社本館區域，東邊以大水溝為界。[29]

　　1949 年以後新建的眷村，幾乎都是遵循著同一種建造方法，自立新村也不例外：用竹子混合泥土、三夾板、甘蔗板為原料來搭建。自立新村的每戶坪數為 6 坪，住戶以海軍尉官為主，另有少部分的士官。[30]

　　林效杰住在自立新村 333 號，房子有用竹籬笆圍起來一個前院，整體大概有 15 坪。以現代的標準來看，一家老小擠在一個 15 坪的空間實在很憋屈，但以當時的眷村標配來看，應該已經算得上是很「寬敞」。後來他們買下後面和隔壁的住家打通，3 戶變成 1 戶，擴增到 50 坪左右，才終於有多餘的空地可以加蓋廁所和廚房，居住品質提升許多。[31]

「將軍村」明德新村

看了這麼多環境不堪的克難眷村，難道就沒有高級一點的眷村嗎？

有的。

日本海軍在高雄警備府廳舍的東北側有個日軍宿舍，由於這個宿舍空間大，房屋十分高級，便被海軍用來供給位階較高的將領與其眷屬入住，此即「明德新村」。[32] 鍾漢波回憶，1950 年代初的明德新村裡有 50 餘戶，住戶大多是海軍的重要將領與首長，因此又被當地人暱稱為「將軍村」。[33] 明德新村住過 4 位參謀總長：桂永清、黎玉璽、宋長志、劉和謙，還有 7 位海軍總司令，「將軍村」之名實至名歸。明德新村不只住滿了將軍，還催生出臺灣歷史悠久、頗負盛名的《創世紀詩刊》，創辦人洛夫當年還是 20 幾歲的窮軍官，當掉手錶、單車後還預支了兩個月薪水，東湊西湊下才讓創刊號順利發行。[34]

1958 年的明德新村。圖中人物為第四造船廠少將廠長高世達將軍／高啟瑞提供

明德新村眷舍客廳／王和平提供

　　擁有如此傲人住戶與故事、尊爵不凡的明德新村，實際居住空間又
是怎樣的呢？

　　一戶坐擁一整棟日式檜木構築的木造風格平房，平均占地 200 坪！
配有獨立的水電，每一棟的室內有客廳、餐廳、書房、廚房、衛浴設備，
還有專屬庭院。庭院裡還有防空洞、柴房等設施⋯⋯會如此高級，也是
因為這宿舍在日本時代原本就是給日本海軍的軍官及家眷居住的。[35]

　　在明德新村一直住到 2017 年才搬離的王立信說到，明德新村的房
子就像一個地中海型建築的房舍，房子就在院子的正中央，房屋本身的
建坪大約有 40 坪左右。小時候院子會用竹籬笆圈起來，在上面種牽牛
花，院子裡面則種了芒果樹、桂圓樹、白蘭花等等。家裡頭吃的水果就
靠這些果樹結的果子，吃不完就分送給鄰居及同學。[36]

民國 38-39 年起明德新村的老住戶

門牌	住戶變遷概況
1	總司令公館　明德賓館。桂永清：江西貴溪人。陸軍黃埔軍校 1 期→馬紀壯。
2	尹炳文：總司令桂永清的准尉駕駛官，38.04.15 遷入。
3	劉宜敏：山東高密人。官至少將，38.09.27 遷入。青島海校 3 期（20年 8 月班航）。
4	王天池：湖北黃陂人。官至少將，38.04.21 遷入。煙台海校 16 屆。→趙家鶴：河南武縣人。官至海陸少將。
5	劉慶生：官至經理署補給中將，39.04.26 遷入。 →林祥光：福建林森人。官至少將，煙台海校 18 屆（17 年 6 月班航）。 →馬順義：四川資中人。官至少將，海官校 40 年班。
6	夏新：江西南昌人。官至輪機中將，39.05.01 遷入。福州海校輪機班 4 屆（24 年 7 月班輪）。 →陳慶堃：廣東番禺人。官至中將。黃埔海校 22 屆（27 年 6 月班航）。 →楊松泉：江蘇無錫人。官至中將。青島海校 5 期航乙（29 年 3 月班航）。 →梁天价：四川射洪人。官至中將。海官校軍官班第四隊 38 年 1 月航海。 →蕭楚喬：江西吉水人。官至少將。海官校 39 年班。
7	梁序昭：福建林森人。官至三星上將總司令，38.12.01 遷入。煙台海校 17 屆。 →：黃宏基：江西人。官至少將。海官校 43 年班。
8	曹仲周：江西新建人。官至中將，38.04.20 遷入。青島海校 3 期（20年 8 月班航）。 →關世傑：遼寧遼陽人。官至中將。青島海校 3 期乙班（23 年 4 月班航）。 →何樹鐸：浙江瑞安人。官至中將。福州海校 6 期（26 年 1 月班航）。
9	門牌無此編號。
10	未詳。

門牌	住戶變遷概況
11	黎玉璽：四川達縣人。官至四星上將參謀總長，38.08.31 遷入。電雷 1 期（23 年 12 月班航）。 →楊作連：河北濮陽人。官至海陸少將。陸官 16 期。
12	楊厚綵：湖南瀏陽人。陸戰中將，36.09.16 出任首任陸戰司令。陸官 6 期。 →王洽南：山東招遠人。陸戰少將。德國砲校、工校經歷。
12-1	袁鐵忱：河北武邑人。官至輪機中將，39.11.01 遷入。電雷 1 期（24 年 7 月班輪）。
14	馬紀壯：河北南宮人。官至三星上將，惟任總司令時仍是中將。青島海校 3 期乙班（23 年 4 月班航）。
15	馮啟聰：廣東番禺人。官至三星上將總司令，39.10.30 遷入。黃埔海校 19 期（24 年 7 月班航）。 →黃震白：四川華陽人。官至中將。電雷 1 期（23 年 12 月班航）。 →曹正綱：浙江金華人。海陸少將。陸官 21 期步科。
16	門牌無此編號。
17	陳贊湯：浙江平陽人。官至少將，38.04.15 遷入。煙台海校 18 屆（17 年 6 月班航）。 →田樾曾：河北霸縣人。官至少將，39.05.09 遷入。青島海校 3 期（20 年 8 月班航）。 →溫可人：廣東梅縣人。官至少將。海軍官校軍官補訓一隊（29 年 3 月班航）。
18	未詳 →馬紀友：河北南宮人。官至海陸少將。陸官 13 期。
19	許世鈞：遼寧遼陽人。官至少將，39.11.01 遷入。東北航警校 1 期。
20	劉廣凱：遼寧海城人。官至三星上將總司令，38.12.26 遷入。青島海校 3 期乙班（23 年 4 月班航）。
21	李國堂：廣東梅縣人。官至少將，37.11.20 遷入。福州船政後學堂駕駛科 16 屆。

門牌	住戶變遷概況
22	曹開諫：江蘇鹽城人。官至中將。中央軍校八期砲、電電1期（23年12月班航）。 →林溥：福建林森人。官至少將。福州海校航海班3屆（21年8月班航）。
23	史如州：軍法上校，37.11.20遷入。 →李恆彰：山東泰安人。官至中將。海官40年班。
24	宋鍔：湖南湘潭人。官至中將，38.04.22遷入。煙台海校15屆。 →崔之道。官至三星上將。電電1期（23年12月班航）。 →改戶改為明德賓館（二號）。
25	趙龍文 →高世達：山東單縣人。官至輪機少將。電電1期（24年7月班輪）。
26	董沐曾：浙江紹興人。官至少將，39.03.25遷入。煙台海校10屆。 →周漢傑：安徽宿松人。官至海陸中將。陸官18期。
27	該地為海軍婦聯分會（海幼幼稚園）。
28	周憲章：安徽當塗人。官至少將，38.03.30遷入。煙台海校10屆。 →白樹綿：遼寧遼陽人。官至中將。青島海校4期（26年1月班航）。
29	楊維智：浙江紹興人。官至中將。電電1期（23年12月班航）。 →趙錦龍：浙江杭州人。官至中將。青島海校5期甲班（28年9月班輪）。 →羅張：江西新建人。官至陸軍三星上將。陸官16期。
30	王恩華：江西南康人。追晉三星上將。電電1期（23年12月班航）。
31	郭發鰲：湖北漢川人。官至中將，38.11.15遷入。中央軍校8期步、電電1期（23年12月班航）。
32	宋謙：37.11.20遷入。 →劉賡：湖南長沙人。官至上校39年月分不詳3日遷入。煙台海校15屆航海。

門牌	住戶變遷概況
33	王先登：安徽無為人。官至輪機中將，38.08.24 遷入。惟《海軍總部三民主義實踐研究班第六期教職員通訊錄》頁 3 註明為明德新村 49 號。電雷一期（24 年 7 月班輪）。 →傅洪讓：江西豐城人。官至少將，51 年（月日不詳）遷入。電雷 1 期（23 年 12 月班航）。
34	李良驥：貴州貴陽人。官至輪機少將，37.05.29 遷入。電雷 1 期（24 年 7 月班輪）。 →屠由信：浙江紹興人。官至海陸中將。陸官 18 期。
35	該地為海軍第一育幼院。 →海軍反情報（大）隊。 →四海派出所。 →現廢置。
36	未詳。
37	李貞可：福建閩侯人。官至輪機上校，37.11.20 遷入。福州海校輪機班 1 屆。 →陳家鏞：福建林森人。官至輪機上校，38.09.13 遷入。福州海校輪機班 1 屆。
38	高如峰：福建閩侯人。官至中將，39.12.01 遷入。煙台海校 18 屆（17 年 6 月班航）。 →疑為高舉：福建閩侯人。官至少將。福州海校航海班 3 屆（21 年 8 月班航）。
39	孫甦：江西萬安人。官至中將，39.09.11 遷入。電雷 1 期（23 年 12 月班航）。 →陳紀宗：湖北黃梅人。追晉少將，海官 75 年班。
40	軍中電臺（之聲）左營臺（39.11. 日不詳遷入）。 →「漢聲廣播電臺高雄臺」。
41	無此門牌，但該地為軍中電臺所用。
42	徐錫豈：浙江鎮海人。官至少將，39.03.23 遷入。煙台海校 15 屆。
43	康肇祥：安東鳳城人。官至少將，38.09.15 遷入。東北航警校 1 期。

門牌	住戶變遷概況
44	張明吉：38.12.20 遷入。
45	楊維智：電雷 1 期。 →常香圻：福建林森人。海軍少將，福州海校航海 5 期（25 年 3 月班）。 →常志驊：海軍中將，海官 54 年班。
46	左營軍中電臺的飯廳。
47	錢懷源：浙江上虞人。官至少將，38.09.15 遷入。青島海校 4 期（26 年 1 月班航）。
48	黃震白：四川華陽人。官至中將，38.07.14 遷入。電雷 1 期（23 年 12 月班航）。
49	宋長志：遼寧遼中人。官至四星上將參謀總長，疑住此戶。青島海校 4 期（26 年 1 月班）。 →湯元普（陸軍中將）。 →湯相峰。
50	趙漢良：浙江諸暨人。官至少將，38.04.15 遷入。電雷 1 期（23 年 12 月班航）。
51	未詳 →韓斌：山東煙台人。海軍少將，海官 55 年班。
52	白樹綿：遼寧遼陽人。官至中將，39.12.11 遷入。青島海校 4 期（26 年 1 月班航）。
53	俞柏生：江蘇宜興人。官至三星上將，38.06.28 遷入。青島海校 3 期乙班（23 年 4 月班航）。 →耿繼文：江蘇銅山人。海陸中將。陸官 13 期。
54-56	54-56 三戶為公地公建，雖為日式但並非原日遺官舍。

袁英麟整理、提供

建業新村

　　位於「明德新村」東部的「建業新村」，最初「海軍服務大隊」整修時，該村有 20 餘戶，一樣供海軍高級軍官家眷使用，以校級軍官為主要住戶。如曾經住過「建業」和「明德」的崔可勤，剛搬進建業時，父親是電雷系的驅逐艦艦長，鄰居都是電雷 1 期或 2 期的艦長，如張仁耀、樓定淼等。他回憶，「建業」與「明德」兩村，都是日本海軍留下的軍官宿舍，算是品質比較高的眷村，也能在大體上維持日治時代的生活機能。比如「明德」的屋舍比較大，「建業」的房舍比較小，但即便如此，每戶一定都有套日本的衛浴系統。差別在於「明德」有 2 套，「建業」只有 1 套。「建業」的屋舍分前院、後院，以 6 到 8 戶房子為一個單位，周圍都是馬路。「明德」則是 4 戶，空間比較大。[37]

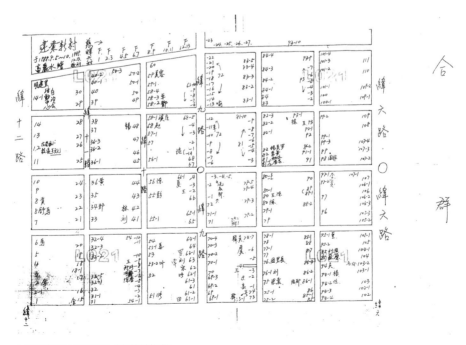

左營建業新村平面圖／袁英麟提供

　　若詳細區分的話，「建業新村」又可分為「舊建業」與「新建業」。約在 1951 年跟家人遷入「建業新村」的谷岈順回憶，「舊建業」是二戰時期建造的日軍官舍，由於是給軍官等幹部住的，因而屋舍儼然、排列整齊。反之，規模較「舊建業」大的「新建業」，居民約一、二百戶左右，是 1949 年後建造的，因而建築樣式跟自立、崇實、自勉新村一樣，建造時採取「見縫插針」的模式，故格局比「舊建業」來得亂。[38] 對於「新建業」與「舊建業」的差異，十歲前都住在「新建業」的趙淑芳，到現在依舊記憶猶新，她追憶道：「我們士官眷屬住的比較小，房舍緊密，戶與戶的隔牆就是木板和土磚，屋頂的內部就用甘蔗板裝釘。土磚和木板不會透光，但隔音很差。房子的密集程度就像《光陰的故事》[39] 那樣，但鄰居的感情都很好。我們家基本上沒有空間可以加蓋，在我出生以前就是這樣的格局。老建業和新建業中間還有一座大型的公共廁所，新建業靠近中山堂，離左營街市場很近。」[40]

　　北左營眷村裡曾有一條貫穿眷村的大溝，至建業新村寬度大增，分為排水渠道及兩岸階式平地。1958 年以前，此段大溝東側房屋僅有建業新村 121-165 號，家家戶戶多少有餵養雞鴨，經常到大溝中覓食取樂，住戶每日黃昏還得到大溝中趕鴨子回家。大溝中的淤泥被廣東籍老兵集中堆積後種植西洋菜、慈菇、空心菜等。溝中的生態豐富，魚類有吳郭魚、黃鱔、大肚魚、彩虹魚等。[41]

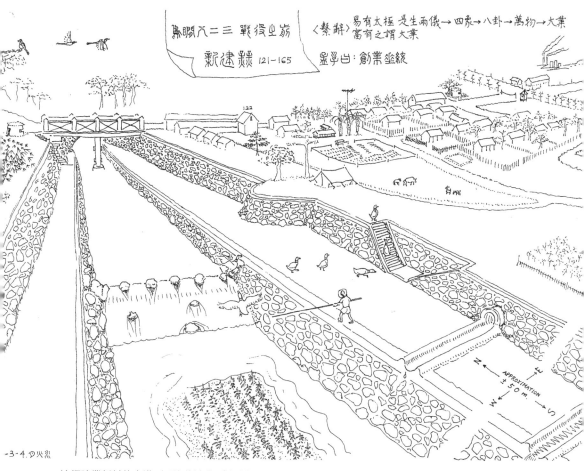

流經建業新村的大溝／吳海緣遺稿（未出版，2012）／袁英麟提供

美國人住的眷村？海友新村

　　眷村給人的印象，就是裡頭都是住操著濃厚口音的「外省人」，但其實眷村不只住外省人，還曾住過美國人！

　　「海友新村」便是為了美軍顧問團居住而建設的「眷村」。

　　1950 年代，美軍顧問團來到左營，便住在左營軍區內、外興建的海友新村裡。「內海友」在軍區內，位於高爾夫球場的東邊、中正路的西邊，住的是美軍軍官；「外海友」位於供美軍使用的「海光俱樂部」

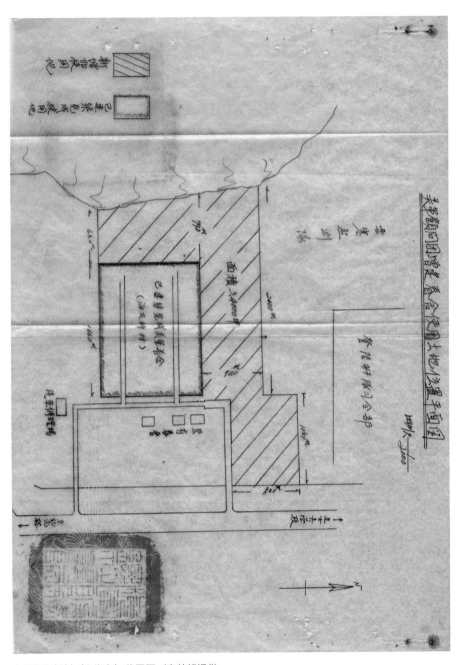

左營海友新村（內海友）位置圖／袁英麟提供

旁邊，位置是現在左營大路三角公園對面巷弄裡，居住的是軍階較低的美國士官。這些美軍眷村屋舍都十分高級，坪數大不說，還有能停汽車的庭院。[42]

　　徐學海將軍回憶道，其實美軍待遇並沒有外界想像中的那麼好，但由於當時 1 美金可以兌換 40 臺幣，這些美國軍官可以聘請至少 2 位臺傭來服侍他們，生活過得十分舒適。到底是被優待禮遇慣了，這些美國軍官行事作風也很直接。當時左營軍區的供水設施仍沿用日治時代的老舊機械，偶爾會停水，海軍們是摸摸鼻子就自己吞了，但美軍會立即跑到海軍總司令部氣呼呼地興師問罪。甚至臺傭只是一點小遲到，他們也

美軍顧問於桃子園沙灘／袁英麟提供

會立刻問責，沒在跟你客氣。為了安撫他們，海軍最後是調來了滿載淡水的消防車，直接停在海友新村的儲水池旁以隨時供水。[43]

鍾堅說，他曾在父親鍾漢波將軍的要求下，去內海友當過美軍子女的中文家教。托美軍的福氣，在那個物資匱乏的年代，他成功地「寄生上流」，不僅可以在內海友新村暢飲百威啤酒、大抽美國香煙，還會帶那些美國小孩去左營軍港潛水、撈龍蝦，好不風光得意呢。[44]

果貿新村

到底是增多粥少，眷舍不足的情況到了 1950 年代中期依舊十分嚴重。1956 年，當時還名為「中華婦女反共抗俄聯合會」，也就是後來的「婦聯會」的主席宋美齡，她留心這個狀況許久，決定成立「國軍眷屬住宅籌建委員會」，展開全臺民間捐建和軍眷住宅籌建運動。到了該年 7 月底，共募得 2,981.58 萬餘元。左營大街上的海福照相館業主童隆城說，關心軍眷生活的宋美齡曾多次來到左營，動員婦聯會策劃籌建「果貿新村」。[45]

1960 年第 4 期眷舍完工，入住軍眷 300 戶。[46] 到了 1970 年以前，共進行了 14 期的軍宅建設，終於讓國防部得以安置軍眷，解決住屋不足的問題。[47]

周恆功的父親是跟隨桂永清進到海軍的原陸軍軍官，他們一家在1949 年來到左營時沒分到房舍，先是在蓮池潭附近租房，1951 年左右才搬入自治新村。但隨著 3 個孩子陸續出生，房舍空間不敷使用，又搬到自立新村。到了 1960 年代中旬，周恆功上高中的時候，全家才得以

搬到新竣工的「果貿社區」定居。[48]

　　左營的正式眷村有 23 個，屬於前日軍官舍的有明德、建業、崇實、合群、勵志等 5 個新村；位於左營舊城內的有海光三村、東自助新村、西自助新村、勝利新村等 4 個新村，此四村都是 1945-1950 年代新建的眷村。至於左營舊城北門一帶，由來臺後加入海軍的長山八島的山東漁民所建立的「東萊新村」，則不是國軍認證的正式眷村。[49]

1. 張明初，《碧海左營心：捍衛臺海的真實故事》（臺北：星光出版社，2002），頁 25。

2. 〈周治東訪談錄〉，收入杜正宇主持，《高雄市左營眷村研究暨訪談調查案結案報告書》（2019 年高雄市立歷史博物館委託執行，未出版），頁 50。

3. 〈林屏訪談錄〉，收入杜正宇主持，《高雄市左營眷村研究暨訪談調查案結案報告書》，頁 125。

4. 〈魏卿訪談錄〉，收入杜正宇主持，《高雄市左營眷村研究暨訪談調查案結案報告書》，頁 95。

5. 杜正宇主持，《高雄市左營眷村研究暨訪談調查案結案報告書》，頁 112-114。

6. 〈許鳳祥訪談錄〉，收入杜正宇主持，《高雄市左營眷村研究暨訪談調查案結案報告書》，頁 196。

7. 〈陳有鵬先生〉，收入林海清主編，《眷戀：海軍眷村》（臺北：國防部辦公室，2007），頁 194。

8. 曾光正，《高雄市眷村文化潛力普查報告》（2006 年高雄市政府文化局委託執行，未出版），頁 8-10。

9. 張明初，《碧海左營心：捍衛臺海的真實故事》，頁 28。

10. 林全義，《半屏山下話左營》（高雄：高雄市左營高級中學，2006），頁 196；〈冉芸華訪談錄〉，收入杜正宇主持，《高雄市左營眷村研究暨訪談調查案結案報告書》，頁 90。

11. 張耀升，《告別的年代：再見！左營眷村！》（高雄：解碼出版，2011），頁 35-36。

12. 侯珞怡，〈你一定是眷村長大的〉，《聯合報》（2012 年 4 月 12 日），第 D4 版。

13. 郭冠麟，《從竹籬笆到高樓大廈的故事——國軍眷村發展史》（臺北：國防部史政編譯室，2005），頁 6；林全義，

《半屏山下話左營》，頁 192。

14. 鍾漢波，〈亂世洪流軍旅服勤外記：遙望戡亂內戰調返新海軍（上）〉，《傳記文學》，第 122 卷第 2 期（2023），頁 132。

15. 林海清主編，《眷戀：海軍眷村》，頁 237。

16. 林鎮宜，《海軍老眷村的故事》（臺北：海軍司令部，2006），頁 56-57。

17. 〈崔可勤訪談錄〉，收入杜正宇主持，《高雄市左營眷村研究暨訪談調查案結案報告書》，頁 119。

18. 〈匡乃靜訪談錄〉，收入杜正宇主持，《高雄市左營眷村研究暨訪談調查案結案報告書》，頁 200。

19. 林鎮宜，《海軍老眷村的故事》，頁 95。

20. 林海清主編，《眷戀：海軍眷村》，頁 191。

21. 〈周治東訪談錄〉，收入杜正宇主持，《高雄市左營眷村研究暨訪談調查案結案報告書》，頁 51。

22. 〈左營眷村的成長點滴：陳鎮湘先生〉，收入張壽齡，周宜慶，張彩玥，《鎮海靖疆：左營軍區的故事》，頁 214。

23. 〈段競玲訪談錄〉，收入杜正宇主持，《高雄市左營眷村研究暨訪談調查案結案報告書》，頁 56。

24. 林鎮宜，《海軍老眷村的故事》，頁 80；林海清主編，《眷戀：海軍眷村》，頁 217。

25. 林鎮宜，《海軍老眷村的故事》，頁 60、81。

26. 馮翊綱，〈與甚同行？〉，《聯合報》（2018 年 9 月 4 日），第 D3 版。

27. 〈人鬼同住 60 年？　祭祀指定清酒〉，《聯合報》（2010 年 11 月 8 日），第 3 版。

28. 林鎮宜，《海軍老眷村的故事》，頁 103。

29. 〈美軍繪製臺灣城市地圖〉，《臺灣百年歷史地圖》網站。

30. 林海清主編，《眷戀：海軍眷村》，頁 203。

31. 〈林效杰訪談錄〉，收入杜正宇主持，《高雄市左營眷村研究暨訪談調查案結案報告書》，頁 271。

32. 〈左營明德新村村史〉，收入林海清主編，《眷戀：海軍眷村》，頁 73。

33. 張明初，《碧海左營心：捍衛臺海的真實故事》，頁 26-27；鍾漢波，〈亂世洪流軍旅服勤外記：遙望戡亂內戰調返新海軍（上）〉，《傳記文學》，122 卷 2 期（2023），頁 132。

34. 〈將軍村　詩人多　故事也多〉，《聯合報》（2018 年 7 月 29 日），第 A6 版。

35. 郭冠麟，《從竹籬笆到高樓大廈的故事──國軍眷村發展史》，頁 6。

36. 〈王立信訪談錄〉，收入杜正宇主持，《高雄市左營眷村研究暨訪談調查案結案報告書》，頁 136。

37. 〈崔可勤訪談錄〉，收入杜正宇主持，《高雄市左營眷村研究暨訪談調查案結案報告書》，頁 118。

38. 〈谷屶順訪談錄〉，收入杜正宇主持，《高雄市左營眷村研究暨訪談調查案結案報告書》，頁 154。

39. 2008 年由中視製作的八點檔連續劇，由楊一展、黃騰浩、黃仲崑、賴雅妍等人主演，描繪了 1960-1990 年代間發生在「自強一村」中幾個眷村家庭的生活故事。

40. 〈趙淑芳訪談錄〉，收入杜正宇主持，《高雄市左營眷村研究暨訪談調查案結案報告書》，頁 159-170。

41. 吳海緣遺稿（未出版，2012），袁應麟提供。

42. 〈袁應麟訪談錄〉，收入杜正宇主持，《高雄市左營眷村

研究暨訪談調查案結案報告書》，頁 147-148。

43. 〈左營軍區聯絡官軼事：徐學海先生〉，收入張壽齡，周宜慶，張彩玥，《鎮海靖疆：左營軍區的故事》，頁 165。

44. 〈眷戀左營：鍾堅先生〉，收入張壽齡，周宜慶，張彩玥，《鎮海靖疆：左營軍區的故事》，頁 244。

45. 〈四度為蔣夫人拍照　童隆城自豪〉，《聯合報》（2003年 10 月 25 日），第 B4 版。

46. 〈第四期軍眷住宅　二千幢已竣工　即驗交各單位分配進住〉，《聯合報》（1960 年 6 月 24 日），第 2 版。

47. 林海清主編，《眷戀：海軍眷村》，頁 12；黃文珊，《高雄左營眷村聚落的發展與變遷》，頁 88。

48. 〈周恆功訪談錄〉，收入杜正宇主持，《高雄市左營眷村研究暨訪談調查案結案報告書》，頁 267。

49. 參見黃文珊，〈高雄左營眷村聚落的發展與變遷〉；李文環、周秀慧，《東萊新村的歷史與人》（高雄：高雄市立歷史博物館 / 巨流圖書，2018）。

紅塵往事

 ‧ 日常交通

　　說到底，眷村只有軍人身分或其配偶與尊、卑直系血親才能申請入住，一般人想住還住不到。「軍眷」這個標籤，更讓眷村增添了許多嚴肅神秘的色彩。

　　「感覺你們就像住在有鐵絲網的圍牆裡，不能隨意進出。外面的人只要一靠近，還會有穿著迷彩服的軍人拿槍威嚇……」

　　我不確定地說著自己對於眷村貧乏的想像，沒想到卻引來一陣哄堂大笑。

　　「小子，你以為我們是在坐牢嗎？」左先生笑得眼角都出了淚。

　　左先生說，的確不是每個人都能住眷村，要經過上層的核定後，才能獲得配住的命令公文，取得「居住憑證」及「居住證」。居住憑證上除了載明核發日期外，還會登記你居住的眷村、時間、姓名和眷屬的照片，並慎重地蓋上海軍總司令部的鋼印。居住證則是一張卡片，由各地眷管單位每年核發給退伍兵及其家眷一人一張，是進出眷村的通行證。

　　不過左先生也說，除了少數眷村如「復興新村」以外，左營海軍軍區的眷村範圍確實都在海軍的管制區內，所以戒備較為森嚴，四周設有圍牆與哨卡。眷村居民要出入，都得向門口的哨兵出示居住證，驗明身分後才可放行。[1] 周治東說，若有朋友來找，哨所就會打電話到管理站，然後再向全村廣播：「合群新村 ×× 號，你家有朋友來訪，在○○號哨所，請去接他。」訪客要押證件，還得事先說大概幾點會出來。如果要過夜，住戶還得簽名作保，對方才可以留在眷村住一晚。[2]

左營自治新村居住證／姜根弟提供

　　不過，光是人員的進出就要如此繁瑣的手續，久而久之人性當然會疲乏，因而轉換成惰性。張惠林就困惑地說，他從來沒有印象行經軍區

哨口要檢查證件啊。[3] 王燕瑛則說建業、合群兩村的哨口守衛憲兵沒有這麼嚴格，只要訪客按規矩登記，就會直接放行通過。[4]

　　眷村就連人員出入都有管制了，交通當然也跟「外面」不太一樣。

　　住在左營海軍眷村的第一代男性們，大部分都是職業海軍。工作內容不是長時間在軍艦上值勤，不然就是會被外派到各地，常常必須往來眷村自家和各個海軍機關之間，疲於奔波。因此海軍總司令部特別設有專屬交通車，供軍人通勤。這些交通車定時定點、依照規定路線行駛，當然，一樣得出示證明「搭車證」才能搭乘。[5]

　　1950 年代，海軍在左營幾乎各個單位都有專屬配置的交通車，這些巴士、卡車的車身上，都會噴上所屬單位的名號，例如「海軍士兵學校交通車」等，並由海軍軍區汽車大隊、汽車隊統一管理。[6] 高階一點

左營合群新村自治會／袁英麟先生提供

海軍交通車／袁英麟提供

的軍官，甚至是配有拉風的美式吉普車！綠色的吉普車上漆著醒目的海錨標記，象徵著乘風破浪的威武海軍標誌。之後為了與陸軍區分，綠色的吉普車改成了灰色。[7]

交通車不僅是海軍的通勤車，也是眷村孩子們的通學車。

許鳳祥說當時的軍車很高，和現在的車子長得不太一樣。[8]趙怡則回憶到，每天早上上學時，海軍總司令部安排的軍車就會停在眷村街口，只要汽車一發動，他們就必須要唱軍歌，唱到抵達校門口為止。[9]趙健也附和說，明德新村由於人數少，所以他們是搭巴士上學。但合群、自治新村的人數多，都是搭卡車上學。他們一起在通學卡車上嘻笑打鬧，時而高唱軍歌，那場景至今仍讓他永生難忘。[10]

配給的不只有通學車，還有福利車。

海軍吉普車（車尾漆有海軍錨徽）／袁英麟提供

（左）海軍交通車；（右）海軍交通車乘車證／姜根弟提供

　　周治東說他記得以前左營海軍設有一輛福利巴士，被眷村居民暱稱為「海福車」。當時，鄰里交流頻繁，尤其又是一同住在眷村裡緊密生活，只要誰家有辦喜事，幾乎全村都會去喝喜酒，這時候他們就可以申請海福車來接送。每當「中山堂」裡排演京劇的時候，海福車也會來載客。或是每天接送鳳山、海光、工協新村的人來左營海軍軍區上班的時候，眷村的孩子也會順路搭海福車上學。偶爾遇到海福車拋錨，大家還得下車一起推車，畢竟海福車大都是老爺車……[11]

　　看著他們一邊笑著回憶，眼睛裡閃爍著彷彿當年小孩般的晶亮光芒，我的腦海中不禁浮現，一群孩子爭先恐後地往車上衝、一邊吱吱喳

喳地嘻笑打鬧；或是跟同伴一起在後面推車，推得滿頭大汗卻又相視笑個不停的畫面；或是活潑地蹦蹦跳跳上軍車，扯開嗓子、搖頭晃腦地一同大聲唱著「反攻！反攻！反攻大陸去！……」

不過，隨著左營軍區向軍港方向緊縮，海軍眷村的專車也走入歷史，被高雄市的公車給取代。即使如此，天真無邪的小孩子還是依然能從中找到樂趣。陳國才就笑說，當時他們這些在左營南邊的眷村小孩，每每坐上往北的 6 號或 29 號公車，都心驚膽戰的。因為如果是在中山堂附近下車，就表示他們可以看電影啦！但如果是在「合群新村站」下車，那臉立刻就垮了下來，因為百分之百就是去 806 醫院（左營海軍總醫院）看牙醫了！[12]

（之二）‧ 經濟狀況

1956 年 1 月 11 日公布〈國軍在臺軍眷業務處理辦法〉[13]，第 1 條明晃晃地寫著：「為安定國軍眷屬生活，使官兵無後顧之憂，以振奮士氣，提高戰力。」意指政府會向這批從大陸渡海來臺的軍人及軍眷提供住房、醫療、就學與生活上的補給，盡量照顧好你們的生活，為了換取你們的忠誠與戰力。[14] 能對國家效忠、心無旁鶩地備戰，好達成「光復大陸」的宏願。

這也是為什麼每到選舉的時候，眷村理所當然、也不負眾望地被視為國民黨的鐵票區一樣。畢竟他們從來到臺灣後，食衣住行育樂……無一不是國民黨政府給予的。

　　1950 年代中旬發行了「軍人眷屬補給證」，生活上每日必需的煤炭、煤油、米、麵粉、食用油、鹽巴等主要物資，採取配給制。按照家中成員比例，分小口（1-5 歲，領米 4.842 公斤）、中口（6-10 歲，領米 9.684 公斤）、大口（10 歲以上，領米 13.558 公斤）。[15] 不只物資有配給，還有眷糧可領取。每個月會有專車定期到眷村發放糧食，居民們會拿著糧券、帶著容器集中在廣場，大家一面排隊聊天、一面領取米糧。

　　這彷彿戰時的配給制一般的光景，外界根本想像不到，卻在眷村中頻繁上演。

　　周治東說，早期發麵粉的時候，會事先廣播，然後軍車或板車就會拉著麵粉跟食用油來到村內發放。後來改為直接在補給證上做區分，每個眷村區隔出不同的領取時間，自治會在前一天用廣播提醒，時間到了再去領。[16] 林效杰回憶，眷糧其實並不充足，經常不夠吃，但可以預先領下個月或下下個月以後的糧食。只是那畢竟是預支，之後都還是得還軍方。

　　物資缺乏下，眷村居民們為了生存，得自力救濟。他們會在院子裡種植各種青菜、果樹和花卉，比如芒果、蓮霧、楊桃、番石榴、空心菜、大白菜、辣椒、牽牛花、雞蛋花與番茄……，也會在院子裡養雞來加菜。[17] 陳鎮湘上將回憶，他們最怕的就是鬧雞瘟，一旦鬧了雞瘟，可以說都是死一大片。然而即使是病死雞，他們也不敢浪費，照樣處理雞肉，曬乾後儲存起來吃。[18]

軍人眷屬補給證／袁英麟提供

定額糧票／袁英麟提供

軍眷實物補給單／袁英麟提供

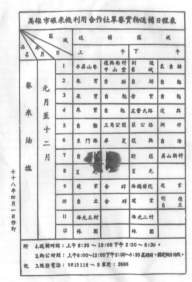

軍眷實物送補日程表／袁英麟提供

左營眷村居民利用家中庭院飼養家禽／袁英麟提供

如果配給到的物資真的不夠，又不願意向軍方預支的話，眷村內外設有雜貨店、市場和「海軍福利社」，可以到那邊購買。[19] 1951 年開始，「聯勤總部眷服處」為了充實軍眷生活物資的種類，將原本屬於管制品的日用品，撥出部分配售給軍眷，包括麵粉、藍布、毛巾、肥皂、棉絮、牙刷、牙膏等，之後還輔導眷村內開設福利站，[20] 如位於左營眷村內的「511 福利站」、「525 福利站」等。[21]

511 福利站照相部／姜根弟提供

　　1970 年以後，政府在臺灣各地廣設「軍公教福利中心」，讓軍人與公務員可以用稍微比市價便宜的價格購買生活用品。即使要憑證件才能進入福利中心，商品種類也不豐富，但仍對薪俸微薄的軍人家庭給予很大的幫助。[22] 軍公教福利中心到了後期，已經不再是專屬於軍眷的福利。1998 年 10 月，中華民國合作社聯合社（軍公教福利中心）民營化時，元利建設創辦人林敏雄接手了旗下的 66 家店面，改名為現在眾所周知的「全聯福利中心」。[23]

　　說了這麼多，我還是最想知道的是，眷村的經濟和軍人的薪水到底好不好呢？

　　答案是否定的。

　　左先生他們說，戒嚴時期的軍人薪餉與待遇其實並不高，政府補貼也無法完全應付每家的日常開銷與孩子們的學雜費，所以大部分的眷戶們生活上並不寬裕。

　　王立信就說，他爸爸雖然是左營海軍總醫院的少將院長，但假日還是得去臺中醫學院兼課，王立信大學畢業後更得留任助教，從 1,200 元的月薪中撥錢供弟妹讀書。[24] 建業新村出身的李用彪則說，自己少校艦長的月俸 600 元，在高雄公路局當雇員的太太月俸則是 850 元，他們這樣的雙薪加起來雖然不多，但在眷村中已經算很優渥的了，至少發薪日那天可以買 2 罐奶粉。[25]

　　前行政院長林全也是出身自治新村的海軍子弟，他曾回憶小時候家

裡沒有瓦斯、風扇、冰箱。1950 年代時，父親的月俸不足以維持家用。每到下半月，都要靠母親四處張羅。「標會」是眷村太太們最常用的辦法，藉由互助會來週轉現金，彼此幫忙。[26] 當林全高中時，他母親為了讓林全可以聽趙麗蓮的英語廣播，賣掉了她手上最後一個戒指。「在我的成長過程中，『軍人』是一個榮譽與犧牲的標誌，『眷村』是一個刻苦與奮鬥的標誌，『軍人子弟』更是一個沒有特權依靠、沒有財富依靠、自力更生的標誌。」林全說。[27]

林全故居（自治新村 66 號）／袁英麟提供

眷村的克難生活，不只體現在金錢面，也展現在日常用品與服裝上。

日常所需的桌椅床凳，不是眷民們自己克難自製，就是買臺灣盛產且價格低廉的竹製品，便宜就好，能用就用。[28] 也因為居住空間實在狹小，折疊式的家具如行軍床和帆布椅，在眷村中也很受歡迎。[29]

樂凱銘說，他的父親是士官，薪資不高，在經濟慘澹下逼出了「雙

手萬能」。家裡沒有廚房，父親便自行在院子裡用磚石砌爐灶、木板為支柱、鐵皮為屋頂，全家煮飯、燒水都用這個克難廚房。[30] 他們睡的鐵床是父親用廢料焊接的，床板、書桌等家具也是父親收集木板拼裝做成的。連他高中的卡其制服，也是父親把他自己的軍服腰身改窄、褲管改短給他穿的，甚至連妹妹的女裝也是出自父親之手。雖然縫得醜醜的不好看，不過當時周遭朋友們大家環境都不好，所以不會有人去在意取笑。制服的學號也是他們自己用一個圓形的箍，將要綉的部分箍上去，用針穿線一針一針的縫上去。[31]

許鳳祥則回憶，小時候母親常幫他們做新衣服、布鞋和書包，「母親很有創意，她用麵粉袋做書包，也常常買布幫孩子做洋裝或襯衫，然後再用碎布做成包包，一點都不浪費。我們家有 3 個女孩、2 個男孩，我母親會買很多花布，幫女孩做洋裝、男孩做襯衫。不只過年，平常就會幫我們做新衣服。同學常問我衣服去哪買？我說，我們哪買得起衣服，是媽媽慈母手中線，親手做的，大家聽了都很羨慕。」[32]

說到用麵粉袋做書包，周治東說是由於美援進口麵粉，很多眷村媽媽都會幫自己的孩子用麵粉袋做褲子，所以很多眷村小孩穿的褲子，屁股中間都有著「中美合作」的標語字樣。[33]

想像了一下屁股上有個大大的「中美合作」字樣的孩子們扭著屁股走路的畫面……

我忍俊不禁，心想不只是為了省錢，也包含了父母們對孩子滿滿的愛吧。

　　雖說那個時代男主外、女主內的觀念還很深蒂固，但在眷村經濟普遍不優渥的情況下，為了減輕家庭負擔，眷村女眷也得出門找工作。畢竟還要照顧孩子，大多找的是兼差，例如中英文打字員、幼教員、教師、女傭等等。[34]

　　為了減輕眷村家庭的經濟問題，當時海軍為了因應此情況，特別開了許多雇員的約聘職，也僱用海軍女眷擔任縫工。[35] 一方面可以增加海軍服飾的產量，另一方面也提供眷村婦女就業的機會。

大和縫紉機器行／袁英麟提供

鋼琴牌縫紉機／袁英麟提供

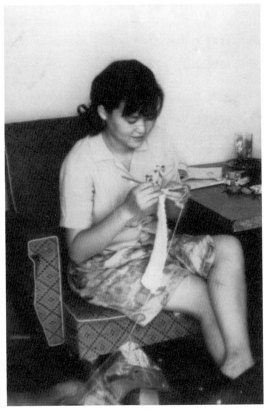

眷村婦女從事家庭手工／楊才舜提供

袁應麟就回憶，他母親為了貼補家用，先是賣過菜，後又到聯勤縫紉補習班學初級洋裁，再從左營的「大和縫紉機器行」購入縫紉機後，開始接縫軍服的工作。他記憶中曾與母親一起去明德國小旁邊的婦聯會領過陸軍軍服，然後用縫紉機代縫。每當母親不分日夜、辛勤工作時，他們小孩也會拿著小剪刀在一旁幫忙把縫錯的線拆掉，一件能賺到 7 毛錢。[36]

許鳳祥的記憶裡，她的媽媽為了增加收入，會去崇實新村的被服廠拿軍服材料，回家用縫紉機車縫。她們女孩子也會幫忙母親剪線頭、摺衣服，分擔一些小工作。即便車一件衣服，收入只有幾毛錢，對生活來說卻不無小補。到了 1960 年代，以廉價勞力為基礎的密集型出口產業蓬勃發展，她母親便會代工外銷的毛衣，升上高中的許鳳祥也跟當時眷村其他高中生一樣，去接代工回來賺零用錢。「用勾短針的毛線把保麗龍球包起來做聖誕吊飾，像是小鴨子、天鵝、小雞等形狀。」[37]

軍人退伍做什麼？

「佘老師，你知道眷村軍人退伍後會做什麼嗎？」左先生冷不防地問我。

我一頭霧水，心想退伍不就跟退休差不多意思嗎，「還能做什麼？就遊山玩水、環遊世界、含飴弄孫吧？」

在場的人們聽到我這天真的答案，都不禁嘆了一口氣。

左先生貌似覺得我很有趣，咯咯笑了幾聲後，幫我解答。說原本薪水就不高了，當時的退伍金又很微薄，於是很多人退伍後，幾乎都會另謀生路繼續工作。

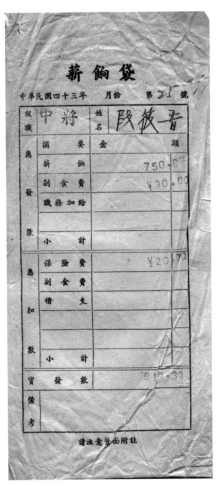

1954 年中將級別的月薪實領僅為新臺幣
819.3 元／袁英麟提供

其中，具備罕見技術、或
是有航海經驗、領航經驗者，
退伍後往往都會進入海運界或
跟海有關的職業中。例如海底
工程和沉船打撈的公司，聘請
的潛水員很多都是海軍爆破隊
退伍的蛙人。[38]

想想，畢竟原本就是海軍，
大半輩子與海洋為伍，退伍後
利用相關技能繼續做跟大海有
關的工作，好像也很有道理？

不過，不只是運用技能，薪
水三級跳也是很多人投身海運界
的主因。

王海天就說，他父親在海
軍中最高曾當到艦長，但因為薪
水實在太低，因而申請辭官。退
伍後進入海運界直接賺美金！
到底能賺多少呢？舉例來說，
1970 年代中鋼公司的月薪大約
8,000 元，但他在商船當輪機長
的月薪，竟可高達 3 萬元！[39]

蘭寧利也表示到，1950、60 年代，一名商船船長的月薪，是海軍艦長的十倍。這差距實在太大，也使得許多航海、輪機的軍官紛紛退伍、投身航運。這些人投身航運之後，眷村的家都立刻裝修變「豪宅」，生活品質一下子提升，引起大家紛紛仿效。直到政府推出商船航運人員的證照制度後，這股風氣才稍微消退，[40] 而這些退伍軍官也開始投入考船長、大副、二副、輪機長等的執照。

不只投身跟大海有關的工作，也有人直接轉換跑道，當起醫生來。周治東的父親退伍後，便在眷村裡開起了診所，全年無休、勞心勞力地服務村民。[41] 王燕瑛的父親退伍後，先是在高雄市衛生局擔任科長，管理高雄市的醫院與診所、藥房，最後甚至在左營大街開了一間婦產科診所。[42]

之三・教育升學

「萬般皆下品、唯有讀書高。」華人社會把「教育」看得很重，來自中國大陸的眷村軍眷們也一樣。尤其他們是拋棄了大陸所有財產與親屬來到臺灣，等於一切從零開始。在臺灣沒有任何血緣、地緣關係的他們，要如何在臺灣這塊新天地生活下去？那便是靠「教育」來翻轉、提升社會階級，所以眷村特別重視子女的教育。

「不能輸在起跑點上」的華人競爭心態，讓他們從幼稚園就開始培養，因此，每個眷村裡至少都會有一個幼稚園。而每個幼稚園也不是來者不拒，甚至會指定只收哪些眷村出身的孩子，像是將軍村明德新村

位於明德新村 27 號的海軍幼稚園／袁英麟提供

中，就有只收明德新村和建業新村孩童的幼稚園，而且才收 20 人，[43] 看得出有實施小班菁英教學的意圖。

有些眷村孩子，若他們的父母未能來臺或殉職了，便會被安置到明德新村裡的「海軍第一育幼院」。1961 年育幼院搬到左營大路 2 號，改名為「海軍育幼院」，最後再更名為「海強幼稚園」。[44] 隨著政府政策與社會福利設施逐漸完善，加上 1980 年代以後眷村人口的高齡化，眷村中的幼稚園也陸續關門倒閉。2008 年 9 月 31 日，海強幼稚園關門歇業後，最後一間軍辦幼稚園正式走入歷史。[45]

位於明德新村 27 號的海軍幼稚園／袁英麟提供

海軍子弟學校

讀完幼稚園,接下來要上小學、初中了。

重視教育的眷村父母們,當然想方設法想要把子女送進好的學校就讀,在左營軍區的眷村裡,最受歡迎的學校是哪一間呢?

「海軍子弟學校」簡稱「海子」,它不只在左營眷村中人氣最高,特別的是,它是跟著「海軍總司令部」一同從中國大陸遷移過來的學校。

1948 年,為了海軍子弟的教育,海軍總司令桂永清在中國的南京創立了「海軍子弟學校」,隨著國共內戰的失利,這所在南京開辦不過 3 個月的學校,便從中國大陸遷來了高雄左營。

遷臺後,桂永清任命安世琪擔任校長,選定左營南門內的 6 間日軍舊木造倉庫、5 個防空洞為校址,荒煙蔓草中僅有 50 坪土地。由於幾乎沒有經費,校舍的建造和整地甚至是安校長親自帶著全校師生進行,這就是左營「海子」最初克難的雛型。

海軍子弟學校
校長安世琪／
袁英麟提供

　　遷到臺灣後的海軍子弟學校，沿襲過往僅收海軍子女的傳統。但海子說到底是私立的，並不是海軍體制內的官方單位，所以無法編列經常性的預算，學校窮得苦哈哈，經常為各種經費與營運煩惱。其中，最大力協助營運的，非海軍總司令桂永清莫屬了。他對海子到底有多偏愛呢？左營軍區內種植了一些龍眼樹，結的果實原本要按照各單位官佐數平均分配，沒想到桂永清竟直接發話：「龍眼收穫應全部撥作子弟學校基金，自即日起停止採摘。」[46] 於是「龍眼」就成為了海軍子弟學校第一筆校務基金收入，海子出身的孩子也被稱為「龍眼樹養大的孩子」。也因為學校窮，所以集結海軍各單位捐獻物資、伸出援手一同扶持辦學的過程，也在海軍們的集體記憶中留下鮮明獨特的色彩，海子才會是這麼令人印象深刻的學校。

海軍子弟學校校門（1956 年）／袁英麟提供

海子的學費根據入學成績分成免費、半自費與全自費三種，因入學考試競爭相當激烈。能夠免費入學海子，等於你成績頂尖，是非常榮譽的象徵。楊覺苑回憶，海子成立初期甚至要抽籤才能入學。袁英麟也說，他記得他剛滿 6 歲的那年暑假，外公騎著腳踏車載他到中山堂報到，要抽選入學海子的資格。中山堂舞臺正中央放了個大籤筒，他從右邊走上舞臺，抽了一支籤後往左邊舞臺走，交給驗籤的軍官，對方中氣十足地大喊「沒中！」他愣了愣，只好落寞地走下舞臺。當時若沒抽中海子，北眷村（以海軍忠烈將士紀念塔為分界）的孩子就會去讀「左營國校」，於是袁英麟只能每天跟著一樣沒抽中的鄰居哥哥們一起走路上學去讀左營國校。[47]

海軍忠烈將士紀念塔／袁英麟提供

張明初則回憶，海子有部分是單親家庭的學生，他們家裡經濟不好，身上永遠穿著軍隊淘汰掉的不合身舊軍服，吃的是他們父親帶回家的軍隊剩菜，晚上跟父兄及其他軍人睡在大通鋪上，很是辛苦。海子就會讓他們住校、吃校方的伙食，並減免大部分的學費。[48] 由此可知海子對學生的盡心盡力。

海子自開辦以來，學生持續增長，為了容納更多的海軍孩子，不只開設了分校，[49] 1950 年更增設了初中部，並命名為「海青中學」。[50] 後

來經過了多次的改制，海子變成了現在的「海青高級工商職業學校」與「永清國小」，[51]「永清」二字就是為了紀念扶植海子成長的最大功臣桂永清總司令。

海子於各方面都是眷村父母第一首選的學校，但粥少僧多的情況下，難免會有落選或沒考上的孩子，於是他們就會去讀軍區外的學校。畢竟海子校風嚴格、升學率高，採取嚴厲的打罵教育，甚至國小就有「留級」的制度。有些程度比較差、自尊心高的孩子，若讀海子不適應，也會選擇轉學到軍區以外的舊城國小、左營國小就讀。由於這些學校在「眷村外」，這些眷村孩子經由學校而接觸到了「本省人」，促進了許多交流。[52]

小學畢業後的中學選擇更多，尤其是高中。一般的眷村家庭，基本上還是盡量以軍區內的海青中學與軍區附近的左營高中為主，不過也有不少的眷村子弟會通勤去高雄市區讀中學，像是當時公認管教嚴厲的「道明中學」。

到這裡，我突然想到了一件事。

「既然都是軍眷子弟，難道他們的父母沒有讓孩子『子承父業』去讀軍校嗎？」感覺這應該是最大宗的選擇才對啊，我納悶。

左先生露出一個苦澀的笑：「佘老師，你剛剛聽了這麼多，知道了軍人薪水微薄得要連一個家庭都撐不起，你覺得那些父親還會讓兒子從軍嗎？」

我啞口無言。

左先生說，的確還是有家庭認為，父親甚至周遭的環境大家都是軍人，感覺從軍是一個能夠安身立命的保障、是未來最好的出路，因而會讓孩子們去讀軍校。

然而最主要的原因……說來說去還是因為經濟問題。

趙健就說，他的叔叔當年非常優秀，高分考上「高雄中學」，卻因為經濟關係，只能去讀海軍官校。因為軍校是公費，畢業後還有軍職與俸祿，[53] 不僅省學費、連工作都不用找。周恆功在海青中學畢業後，考入了縣立鳳山中學，但他父親開門見山地跟他說，家裡無法供應他讀大學的費用，希望他讀軍校。周恆功為難地看著他父親，心中想著，他父親雖然是海軍上校，但月薪僅 600 元，生活慘澹，除夕夜甚至還有債主上門，他完全不想步上父親的後塵。折衷之下，周恆功重考進「高雄水產學校」，畢業後當了商船的船員。當時剛進去月薪竟然就有 100 美金，換算下來等於月薪 4,400 元！[54] 一個跑船小夥子的月薪比一個海軍上校還要來得高，可想而知就算家裡人逼著讀軍校，看慣了家裡經濟窮苦的孩子們也是百般不願意吧。

那個年代，國內的大學鳳毛麟角，能夠考上大學的人少之又少。出身貧困的優秀孩子，即使考上了大學、甚至得到出國念書的機會，但經濟重擔仍是一個巨大阻礙。例如林全，他大學畢業後想申請去美國讀書，沒想到光是寄給學校一封信的航空郵資就要 200 臺幣！只是寄 3 封信，就要花掉當海軍中校的父親 1/4 的薪俸，赴美的單程機票也要 2.4

萬臺幣，這在當時絕非一個普通眷村家庭能負擔的金額。不過為了長子的前途，林全的父親毅然決定提前退伍，靠著 1.8 萬元的海軍中校退休金與同鄉、鄰居的借貸，硬是湊出一張赴美的單程機票與一套西裝，讓兒子去海外闖蕩、高鵬展翅。[55]

「望子成龍」的父母親是古今皆然啊。

在 1950-80 年間那個保守、重男輕女的年代，只有長子或男丁，家裡才會願意咬牙擠錢供學，女兒就沒這麼好命了，大多成為被犧牲的對象，一輩子跟「家庭」綁在一起。冉芸華就說，她鄰居有一戶人家，先生長期臥病，全靠當洗衣婦的太太掙錢養家。她時常看到這一家的太太終日雙手凍得紅通通、泡到發白發皺，全年無休地忙著洗衣賺錢。這一家的女兒成績非常優秀，但終究是沒能上大學，[56]令人唏噓不已。

不過還是有幸運的例外。郭青青是臺灣第一位修女博士，她從小就天資聰穎，小學在海軍子弟學校就讀，中學考入高雄女中，之後更考上臺灣大學，這就學歷程放在現代仍是妥妥的學霸。臺大畢業後進入「聖功修女會」出家當修女，之後赴美深造，拿回了兩個碩士一個博士頭銜，就是一個幸運又厲害的優秀榜樣。[57]

眷村出不良少年？

說到學校，少年少女們正值青春期，學校裡一定會有一些蠢蠢欲動的「不良少年」，我好奇那麼眷村的學校是否也有不良少年？跟「外面的」有差嗎？

　　沒想到左先生說：「你不知道一般人有『眷村出不良少年』的刻板印象嗎？」

　　我大吃一驚。

　　周恆功在一旁接著開口，說他覺得是因為眷村是一個相對封閉的環境，導致在眷村裡的人的想法與做法會被同化，像是他年輕時就見過什麼「群英幫」、「血盟幫」、「十三鷹」、「鳳山聯盟」等等的「不良少年」團體，成員大多就是講義氣、愛出頭、呼朋引伴的年輕少年，而這些團體久了，還會演變成真正的幫派，造成一些社會問題。

　　「不過眷村還是走正路的更多啦，所以你看在各行各業中，出人頭地的優秀眷村人才比比皆是。」[58]周恆功不忘強調。

　　曾經也年少輕狂過的方懷智回憶，他中學時也曾替人「討公道」而被學校記大過，當時跟現在一樣，都會有霸凌與勒索。眷村小孩多，被欺負的同學就會回家找哥哥來幫忙，對方也會找哥哥，然後哥哥再去找朋友……就這樣漸漸形成一個幫派的雛形。方懷智說他印象中，合群、建業新村的孩子比較單純，自治新村裡有個菜市場，人多就比較複雜。那時候少年們打架都會氣勢騰騰地帶著棍棒，打輸了再去找人幫忙，就這樣變成惡性循環。[59]

　　我聽了不禁莞爾，果然人性古今皆然，從以前到現在，不管在哪都一定會有霸凌的存在，不良少年打架好像也都是這個樣子。要說眷村專屬嗎，好像也不是。

　　除了學校裡出身的「不良少年」，1950 年代由於還沒實施九年義務教育，要讀國中必須考試，當時高雄市的中學數量不多，有些沒能考上或無法就讀中學的少年們因為失學，往往也會不小心走上歪路，變成「不良少年」群聚，因而造成一些社會問題。[60] 其中，1956 年在半屏山北麓的高雄煉油廠側成立的「私立中正中學」，就是專門來收容這些失學少年的學校。[61] 不過也因為是「不良少年學校」，時常發生鬥毆惹事的事件，因此在許多家長的要求下，私立中正中學遂採取嚴格的軍事化管理。高壓管理下，導致當年許多畢業生甚至連畢業紀念冊都不想領取。但有趣的是，這些中正中學出身的孩子長大了、成熟了以後，卻十分感謝當初學校的嚴格管理，讓他們可以在出社會後走上正途。[62]

1. 康曼德，《海軍眷村文物的故事》（高雄：作者自費出版，2018），頁 98-101。

2. 〈周治東訪談錄〉，收入杜正宇主持，《高雄市左營眷村研究暨訪談調查案結案報告書》，頁 53。

3. 郭冠佑、許劍虹、吳錯訪問，張惠林口述，2019 年 11 月 9 日於新北市永安市場捷運站二樓之藝文沙龍。

4. 〈王燕瑛訪談錄〉，收入杜正宇主持，《高雄市左營眷村研究暨訪談調查案結案報告書》，頁 74。

5. 康曼德，《海軍眷村文物的故事》，頁 131。

6. 同前註，頁 129。

7. 同前註，頁 129

8. 〈許鳳祥訪談錄〉，收入杜正宇主持，《高雄市左營眷村研究暨訪談調查案結案報告書》，頁 198。

9. 〈感念烽火歲月下的左營眷村〉，收入張壽齡，周宜慶，張彩玥，《鎮海靖疆：左營軍區的故事》，頁 236。

10. 〈趙健訪談錄〉，收入杜正宇主持，《高雄市左營眷村研究暨訪談調查案結案報告書》，頁 121、122。

11. 〈周治東訪談錄〉，收入杜正宇主持，《高雄市左營眷村研究暨訪談調查案結案報告書》，頁 54。

12. 林鎮宜，《海軍老眷村的故事》，頁 57。

13. 〈國軍在臺軍眷業務處理辦法〉（1956 年 1 月 11 日），《全國法規資料庫》。網址：https://law.moj.gov.tw/LawClass/LawAll.aspx?pcode=F0140002。

14. 尚道明，〈眷村居民的生命歷程與國家認同：樂群新村的個案研究〉（新竹：國立清華大學人類所碩士論文，1995），頁 8。

15. 康曼德，《海軍眷村文物的故事》，頁 20-22。

16. 〈周治東訪談錄〉，收入杜正宇主持，《高雄市左營眷村研究暨訪談調查案結案報告書》，頁 53。

17. 〈林欣訪談錄〉，收入杜正宇主持，《高雄市左營眷村研究暨訪談調查案結案報告書》，頁 142。

18. 〈左營眷村的成長點滴：陳鎮湘先生〉，收入張壽齡，周宜慶，張彩玥，《鎮海靖疆：左營軍區的故事》，頁 214。

19. 林全義，《半屏山下話左營》（高雄：高雄市左營高級中學，2006），頁 202；呂世民，〈翻越多年「海軍與左營發展令人回味懷念」〉，軍事新聞通訊社（2011 年 4 月 30 日）。網址：http://navy.mnd.gov.tw/Publish.aspx?cnid=846&p=46785&Level=1。

20. 郭冠麟，《從竹籬笆到高樓大廈的故事——國軍眷村發展史》，頁 47。

21. 康曼德，《海軍眷村文物的故事》，頁 64。

22. 同前註，頁 64。

23. 〈威脅統一「霸主」地位的，不是全聯而是統一超自家人？〉，《遠見》（2022 年 8 月 5 日）。網址：https://www.gvm.com.tw/article/92762。

24. 〈王立信訪談錄〉，收入杜正宇主持，《高雄市左營眷村研究暨訪談調查案結案報告書》，頁 136。

25. 〈堅持海軍優良傳統——李用彪先生〉，收入張壽齡，周宜慶，張彩玥，《鎮海靖疆：左營軍區的故事》，頁 163。

26. 〈林效杰訪談錄〉，收入杜正宇主持，《高雄市左營眷村研究暨訪談調查案結案報告書》，頁 272。

27. 高希均，〈八張機票——與那一代的眷村子弟林全分享〉，《聯合報》（2016 年 4 月 3 日），第 A14 版。

28. 康曼德，《海軍眷村文物的故事》，頁 77。

29. 康曼德，《海軍眷村文物的故事》，頁 78-79。

30. 〈樂凱銘訪談錄〉，收入杜正宇主持，《高雄市左營眷村研究暨訪談調查案結案報告書》，頁 103-104。

31. 同前註，頁 104。

32. 〈許鳳祥訪談錄〉，收入杜正宇主持，《高雄市左營眷村研究暨訪談調查案結案報告書》，頁 197、198。

33. 〈周治東訪談錄〉，收入杜正宇主持，《高雄市左營眷村研究暨訪談調查案結案報告書》，頁 52、53。

34. 康曼德，《海軍眷村文物的故事》，頁 166。

35. 張明初，《碧海左營心：捍衛臺海的真實故事》，頁 56-57。

36. 〈袁應麟訪談錄〉，收入杜正宇主持，《高雄市左營眷村研究暨訪談調查案結案報告書》，頁 148。

37. 〈許鳳祥訪談錄〉，收入杜正宇主持，《高雄市左營眷村研究暨訪談調查案結案報告書》，頁 198。

38. 〈王海天訪談錄〉，收入杜正宇主持，《高雄市左營眷村研究暨訪談調查案結案報告書》，頁 87。

39. 同前註，頁 85-87。

40. 〈左營軍區與眷村隨筆——蘭寧利先生〉，收入張壽齡，周宜慶，張彩玥，《鎮海靖疆：左營軍區的故事》，頁 199。

41. 〈周治東訪談錄〉，收入杜正宇主持，《高雄市左營眷村研究暨訪談調查案結案報告書》，頁 52。

42. 〈王燕瑛訪談錄〉，收入杜正宇主持，《高雄市左營眷村研究暨訪談調查案結案報告書》，頁 73。

43. 〈崔可勤訪談錄〉，收入杜正宇主持，《高雄市左營眷村研究暨訪談調查案結案報告書》，頁 120。

44. 〈海軍育幼院〉，收入張壽齡，周宜慶，張彩玥，《鎮海

靖疆：左營軍區的故事》，頁 99。

45. 康曼德，《海軍眷村文物的故事》，頁 174-177；〈海軍育幼院〉，收入張壽齡，周宜慶，張彩玥，《鎮海靖疆：左營軍區的故事》，頁 99。

46. 〈海軍服務總社通報〉（1949 年 7 月 22 日），《海軍子弟學校教育行政案》，國家發展委員會檔案管理局，檔號：B5018230601=0037=041=3815=0001=virtual001=0094。

47. 〈袁英麟訪談錄〉，收入杜正宇主持，《高雄市左營眷村研究暨訪談調查案結案報告書》，頁 147。

48. 張明初，《碧海左營心：捍衛臺海的真實故事》，頁 95-96。

49. 同前註，頁 90-91。

50. 朱研，〈海軍子弟學校〉，收於柯金儀總編輯，《高雄桃花源（左營篇）》（高雄：高雄市政府新聞處，2002），頁 42；駱雄華，《塵土上的陽光：海軍左營眷村憶往》，頁 172-173；海青工商，〈海青工商校史〉。網址：http://163.32.98.15/history/index.html

51. 唐凱莉，〈花月正春風〉，《聯合報》（1985 年 5 月 31 日），第 8 版。

52. 張明初，《碧海左營心：捍衛臺海的真實故事》，頁 92。

53. 〈趙健訪談錄〉，收入杜正宇主持，《高雄市左營眷村研究暨訪談調查案結案報告書》，頁 121。

54. 〈周恆功訪談錄〉，收入杜正宇主持，《高雄市左營眷村研究暨訪談調查案結案報告書》，頁 269。

55. 高希均，〈八張機票——與那一代的眷村子弟林全分享〉，《聯合報》（2016 年 4 月 3 日），第 A14 版。

56. 〈冉芸華訪談錄〉，收入杜正宇主持，《高雄市左營眷村

研究暨訪談調查案結案報告書》，頁 90。

57. 〈中國第一位修女博士　十七日回來！〉，《民生報》（1982 年 6 月 11 日），第 7 版。

58. 〈周恆功訪談錄〉，收入杜正宇主持，《高雄市左營眷村 研究暨訪談調查案結案報告書》，頁 270。

59. 〈方懷智訪談錄〉，收入杜正宇主持，《高雄市左營眷村 研究暨訪談調查案結案報告書》，頁 222。

60. 張明初，《碧海左營心：捍衛臺海的真實故事》，頁 136。

61. 〈高雄中正中學　昨舉行開學禮〉，《臺灣民聲日報》（1956 年 11 月 1 日），第 5 版。

62. 張明初，《碧海左營心：捍衛臺海的真實故事》，頁 136-138。

眷村的
浪漫與滋味

 · **飲食料理**

　　說到眷村，怎麼能不提鼎鼎大名的眷村料理呢？

　　即便眷村爸爸普遍低薪，軍方發的如食用油、醬油、麵粉、米等公發物資數量不多，家裡用柴火的爐灶與廚具也十分克難，在市場上、福利站裡能選擇的蔬菜種類更是沒得挑。即使如此，不代表眷村人們願意在飲食上馬虎。就在這麼經濟困頓、客觀條件艱難的情況下，竟然還能做出各式各樣極具代表性、又美味至極的眷村料理，說明了眷村居民們的厲害之處。

　　居民們用竹子編成籬笆圍成院子，在其中種菜、植果樹或養家禽，便成為日常食物的來源之一。[1] 也因為眷村人家幾乎沒有閒錢到外面吃飯，於是三餐大多只能在家中解決，因而磨練出料理技術。加上政府配發的糧食也有麵粉，許多眷村家庭就將麵粉發揮到最大功用，做出許多以麥類為主的料理，像是蔥油餅、烤燒餅、包子、饅頭、水餃等等。[2]

（圖片由左至右）　軍眷食用高級精鹽、軍用魚票、配發眷捕食物的軍用麵粉袋／袁英麟提供

　　這就是為什麼聊到「典型」的眷村料理，就會有麵食類的印象，左先生這麼說，我立刻恍然大悟地點點頭。

　　不只麵食類，畢竟眷村的居民來自中國大陸的四面八方，每一個家庭都有從各自家鄉帶來的飲食嗜好。每天傍晚，橘黃色的夕陽西下，照映著放學的孩童與下班的歸人影子拉得很長，眷村裡便開始瀰漫著各種香氣，北方麵食、南方大米、福州紅糟、雲貴酸辣、廣東煲湯、浙江海鮮……是辛勤的母親準備著菜餚，好迎接丈夫孩子的歸來，是平凡又獨特的眷村生活風景。不只是為了餬口，也是為了抒發鄉愁。[3]

　　周治東的母親擅長做梅干扣肉，出身江蘇的父親對干絲菜十分拿手。周治東回憶，鄰居家有位媽媽會包紅蘿蔔水餃，他媽媽還特地去請教怎麼解決紅蘿蔔出水的問題，作為交換便會傳授梅干扣肉的作法，彼此互相交流資訊與菜色。有趣的是，由於眷村裡的住民來自中國大陸各

省，一同被聚集在這小小的眷村裡，也就形成了語言與口音互異的情況，因此在交流菜色的同時，也交流了各地方言。[4]

　　段競玲也贊同說，眷村媽媽們的手都很巧，也會彼此交流學做料理。無論是北方或是南方的媽媽們，炒菜、做飯、做麵食的手藝都很棒，互相分享拿手菜在眷村裡是很常見的事。[5]他說他們家隔壁鄰居是北方人，很會做包子、饅頭、水餃，段媽媽就會去請教如何做，他們小孩也常常趴在鄰居家窗櫺上，偷偷聞著隔壁的麵食香氣，好不滿足。

　　許鳳祥回憶，他母親手巧，常能用簡單的麵粉變化出好吃的點心或是麵食，像是利用麵粉加點糖，就能做出孩子們喜歡的甜甜零食。他母親還擅長做獅子頭與燻魚，其手藝更是被鄰居羨慕不已，令他好生得意。[6]

　　樂凱銘回憶小時候，過春節時母親會做一道烤鴨主菜，那是他最期待的。製作的時候，母親會先把鴨子燙熟，用調味料醃製過後，再拿去油炸。除了烤鴨以外，過年時眷村家家戶戶都會灌香腸、做臘肉。樂凱銘笑著說，他會和同學去偷別人家曬在外面的香腸烤來吃，也得坐在自家曬香腸的竹竿下守著，以防別家小孩跟他一樣來偷香腸。[7]

　　到了1960年代中期出現了冰箱，周治東家在他讀小學的時候買了冰箱，夏天時就會自製牛奶冰棒、鳳梨冰棒。在那個沒有冷氣的年代，他們一群皮小孩常常在外面玩得一身汗、熱得要命，便一直打開冰箱門吹散發而出的冷氣。昂貴的冰箱當然不是每個人都買得起，他說：「一整排的鄰居常會跟我們借用冰箱，我家冰箱經常都是滿的。我媽媽因為記不得是誰

家的菜，就標上『張太太』、『李太太』等。每到煮飯時間，就會有媽媽們到我們家領菜，也曾有拿錯菜的經驗，但大家都不會介意。」[8]

除了家常料理，眷村裡也會有料理小吃店。

由於軍人家庭生活往往因為低薪而十分艱苦，有些具有烹調、製作手藝的眷村人為了增加收入，便會在自家門口做起生意來。許多退役的中下層軍人或在家兼職的婦女，在家門口、巷子邊擺起攤位，將自家前廳改造成店鋪直接開店。除了販賣一般日常生活所需的用品之外，同時也販賣著帶有濃厚思念的家鄉味。[9]

魏卿就說他父親士官退役後，便在家門前方側邊開了一間冰店。「那時候，有些朋友的父母也會在家中的窗口弄個小平臺，賣起蔬菜或水果。」[10] 林永華回憶，以前合群新村路上有人用推車沿路搖鈴賣手工豆花，熱呼呼的豆花滋味令他難忘。[11] 王燕瑛小時候最喜歡跟著在美軍顧問團當大廚的爺爺去逛「中山堂」外的小攤位，有一家賣山東特色傳統麵食的店主就是一個退伍老兵，他們會買槓子頭回家配牛肉吃。[12]

海功路呂家剛出爐的槓子頭／袁英麟提供

不過，也並非所有的海軍眷村居民都會走上做生意這條路。像是合群新村的住戶大多是海軍官校的教職員，教育水準普遍比較高，也是繼明德新村以外，將軍、校級等高級軍官人數第二高的眷村，所以合群新村裡比較少見到雜貨店、小吃店、理髮店等小店，雖然整體環境少了外頭市區的喧囂和其他眷村的庶民感，卻也平添許多寧靜。[13]

周治東回憶著他住過的自治新村裡，有一家唐媽媽的麵食館裡面的豬腳麵，肉燉得很軟爛入口。賣早餐的張媽媽每天早上 3 點就起床做燒餅、油條和豆漿。張媽媽的弟弟在對門處賣滷菜，一邊切菜一邊與客人愜意地聊天。眷村小孩們眼巴巴地望著何媽媽的鋪子陳列著一顆顆昂貴的圓糖果流口水……[14]

這些屬於眷村的熱鬧景象，終究被淹沒在時代的洪流之中。

縱使料理在眷村拆除後遷移到外面繼續開店飄香，但這些充滿煙火氣的場景、濃濃人情味的人群，還有這些老眷村人的童年回憶，隨著眷村的拆遷與時代的前進，已然逝去。

 ・ 休閒娛樂

聽完眷村料理的故事，天知道我的口水都要滴下來了。左先生便招呼大家帶著我一起去大啖了一家從眷村發跡的料理店，我的肚子終於不再餓得咕咕響。因為眷村這本書的採訪，久違地把一群老朋友又聚集起來，大家開心極了。酒酣耳熱之際，我吞下最後一顆水餃，心中仍不忘

我的使命。

擱下筷子後，我問一旁的左先生：「通常吃完晚飯就是休息時間，眷村的時代有什麼特別的休閒娛樂活動嗎？」

身為現代小孩，縱使從父母那邊聽來一些以前他們那個年代的小孩都在玩什麼，但擁有獨特的歷史、又相對封閉的眷村，一定有更特別的休閒娛樂吧？我滿懷期待地看著他。

他沉吟了一會兒：「要說沒有，好像也不是。要說有，好像也沒有。」

「……」我皺眉，一臉「哩喜咧供啥小」的表情。

左先生仰頭大笑，又豪邁地揉了揉我的頭髮，說 1950 年代不管哪裡的休閒娛樂都很少呀。周治東聽到我們的對話，湊過來熱情地替我解答說，他小時候會跟同伴到村中的圓環那去玩，「只要一下雨就會出現很多蜻蜓，孩子們都很會抓蜻蜓，用一根草綁隻小蜻蜓轉轉轉，大蜻蜓就會飛來，我們就抓大蜻蜓。同伴們還會在圓環裡玩木頭人、爬樹、跳橡皮筋等。」[15] 許鳳祥補充說，他小時候就是玩打彈珠、丟沙包、打紙牌等等。

抓蜻蜓、打彈珠、丟沙包、打紙牌……聽下來，好像跟以前的小孩沒什麼不同？

（左）明德新村 18 號後院之紅磚防空洞；（右）日本海軍震洋特攻隊神社殘跡／袁英麟提供

　　或許是看到我略為失望的表情，左先生笑著問：「不過你們現代的小孩不會去防空洞玩躲貓貓吧？」

　　我沉默了，防空洞的確不是現在每個小孩都經常遇得到的東西。

　　眷村的孩子不只可以去防空洞玩躲貓貓，自助新村由於側邊是左營西門城牆的殘段，孩子們還會爬樓梯上去，在現在位於西門公園的日本海軍震洋特攻隊的神社殘跡附近玩耍。[16]

　　要說專屬於左營眷村的特色的話，康曼德提到左營每個眷村都有一座煤球場，都是私人經營以貼補家用的，有體力、找塊空地就可以幹起活。住戶只要向業主講明數量，便會有推車親送府上。康家斜對面是江西人李萬春的煤球場，小時候的康曼德及其他眷村小孩，也會為了好玩而幫忙打煤球。[17]

（左）砲彈箱改造的煤球爐；（右）煤球／袁英麟提供

　　張明初回憶，他記得在左營國小的西邊有一個游泳池，這個游泳池長 25 公尺、寬 15 公尺、深 150 餘公分，有 7 個水道。在 1970 年代以前是由軍區體育組負責管理，週末與例假日會開放給眷村住戶們使用。天氣一熱，許多眷村居民們就會來這個游泳池戲水玩耍。如果泳池需要檢修，管理員還會召集眷村小孩幫忙刷洗泳池。[18] 左營海軍爆破隊受訓的「新興碼頭」也是一個眷村居民們游泳的好去處，王海天說去那裡游泳，有時候運氣好的話，還會遇到蛙人心血來潮教他們游泳潛水呢。[19]

　　除了游泳以外，「打球」也是青少年發洩精力的熱門運動。實踐路以北有一個「海軍體育場」，占地 1 萬平方公尺，以前有足球場、棒球場、田徑場與 2 個籃球場。每週都有籃球賽，每個月甚至還有拳擊賽！[20]

（左）海光游泳池游泳證；（右）暑期眷村子弟籃球賽／袁英麟提供

　　不過，不論大人、少年還是小孩，大家最愛的休閒娛樂還是——看電影！

　　當時海軍體育場的大草坪上，會不定期播放露天電影，入場免費且片單頗新，武俠片、戰爭片、西部片都有。即使電影螢幕只是兩根竿子克難地架起一塊白色布幕，還會隨風飄盪造成畫面不時扭曲，背景聲音也含糊不清，但眷村人們還是甘願忍受著戶外蚊蟲飛舞，享受著看電影的時光。[21]

海軍俱樂部——四海一家

　　1950年海軍總司令桂永清下令，在日本帝國海軍水交社的舊址上，建立一個海軍軍官俱樂部，名為「四海一家」。水交社有本館與別館，二戰結束前本館被焚毀，只剩下本館東邊的別館尚存，之後別館與本館的多數區域成為自立新村的一部分。[22]

　　民國初年軍閥混戰，海軍則同樣派系繁雜，黃埔、青島、馬尾、電雷等4所海校所形成的派閥內鬥頻繁。北伐勝利後，被以陳紹寬上將為首的馬尾系長期把持。到了1937年抗戰爆發，馬尾系由於鑿沉所有軍艦、國府退到西南內陸而崩潰，戰後蔣介石、陳誠、桂永清才藉由新招募的青年及歸順的汪偽海軍、臺籍日本海軍成立「新海軍」，徹底消除四大派系。將海軍軍官俱樂部取名為「四海一家」，是盼望海軍軍官摒棄門戶之見、同心協力以鞏固海疆。[23]

　　「四海一家」是一棟現代主義模式的建築物，外觀簡單俐落，遠看就像一艘白色的巨艦，十分氣派。建築本體內有大禮堂（可充當舞池）、

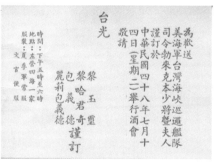

（左上）四海一家／金雲霞提供
（右方）四海一家大海錨／黃修建提供
（左下）歡送美軍艦隊司令酒會於四海一家舉行／袁英麟提供

酒吧、餐廳、會議室、橋牌室、彈子房（撞球檯）、理髮部、浴室等，
除了一些遊樂設施，也有提供來到左營出差的軍官住宿。四海一家落成
之後，海軍總司令部的重要活動、宴會都會選在這裡的大廳舉行。[24]

　　在娛樂資源匱乏的 1950-60 年代，四海一家可以說是左營地區最高
級的社交場所。每週六與平安夜晚間會舉辦軍官舞會，由海軍軍樂隊演
奏，是所有年輕軍官與軍眷趨之若鶩的活動。[25] 鋪著木質地板的舞池，
內側的水晶玻璃門會拉開，與長廊和帶有熱帶風情的花園連成一氣，盡
是滿滿的上流高貴感。由於自立新村緊黏著四海一家的邊界，許多自立

新村的孩子們對於這場所感到好奇，就會偷偷翻牆進入四海一家，遠遠看著在舞池中漫步的軍官們。[26] 張惠林回憶，1954 年他從海軍官校畢業時，就是在四海一家舉辦舞會。[27]

「官校的畢業典禮是跳舞？」

聽到這裡我忍不住出聲，軍人和跳舞，怎麼感覺搭不上邊，好難想像雄赳赳氣昂昂的軍人在舞池中漫步的畫面。

許鳳祥則笑說我大驚小怪，在海軍官校裡，「社交禮儀」是一門必修的課，其中就包含了「交際舞」。在海軍子弟的眼中，會跳舞是紳士淑女必備的技能之一，所以官校生週末都會到四海一家練舞。而海軍官校男孩們也可以邀請眷村女孩去參加舞會，跳舞中又不免肢體接觸……打扮漂亮的眷村女孩羞答答地跟官校男孩們跳著她們的第一支舞，[28] 可以說四海一家的舞會就是這些海軍青年軍官尋找對象、締結良緣的地方。

也因此，為了結識年輕優秀的海軍軍官，左營眷村的家長樂於讓女兒學跳舞。左營眷村出身的李靜君就說她國二時就開始學舞，也因此日後成為了知名「雲門舞集」的舞者。[29] 徐學海說，他覺得四海一家在週末舉辦的舞會是對軍官最棒的福利！不僅有茶水供應，還有海軍樂隊伴奏，唯一美中不足的是建築本身沒有冷氣，常常大家都跳舞跳到汗流浹背。又因為四海一家在軍區裡面，導致非海軍眷屬很難參加。他記得他當初邀請非軍眷的舞伴，還得請對方在中山堂附近爬過鐵絲網進來營區，好不狼狽。[30]

1965 年第一屆集團結婚於四海一家舉行／袁英麟提供

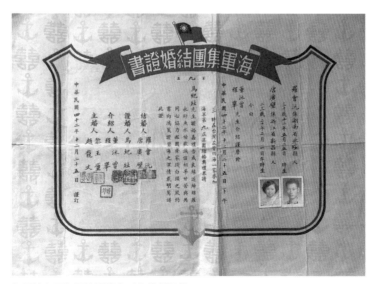

海軍第九屆集團結婚證書／袁英麟提供

除了舉辦舞會與一般的宴會以外，四海一家的大禮堂在戒嚴時期也有一項十分特別的活動，那就是在春季或秋季舉辦海軍官佐的集體婚禮。

每一對參加集體婚禮的青年官佐，代表著他們的結婚都將獲得將級主官們的批准。婚禮當天會由海軍總司令擔任證婚人，其他比總司令低階的將官則擔任婚禮介紹人或主婚人。新郎與新娘在海軍軍樂隊演奏的悠揚音樂中，走過軍刀劍門，並在婚宴結束後收到海軍長官簽字的結婚證書，即完成了結婚大事。這種特殊的集體婚禮，有利於凝聚人心、增加榮譽感。[31]

來去中山堂看電影

只要提到「中山堂」，不管大人小孩，大家都會眼睛一亮。中山堂是左營眷村最具代表性的電影院，於 1951 年 3 月 29 日青年節落成，兩層樓高，有著巨大方正的灰白色外觀。初期設有理髮部、彈子房，還有名為「反攻勝利棋」的賓果遊戲供娛樂消遣，[32] 可窺見那時代的社會氛圍。內設的表演廳則可以演出國劇或話劇表演，平時拿來播放電影，如果有勞軍活動的話也會充當秀場。

但最重要的一點是——它有冷氣！

地處南方的高雄，只要哪裡有冷氣，絕對會是最受歡迎的好去處。中山堂不只有冷氣，還能看國內外的電影，令當時的人趨之若鶩。雖然當時的高雄市區也有不少電影院，但由於左營軍區與高雄市區有段距離，交通不那麼方便，所以中山堂便成為海軍軍人、海軍官校生與眷村軍眷們看電影的最佳選擇之一。[33]

1950 年 10 月 10 日，中山堂落成開幕典禮／袁英麟提供

　　如同左營軍區內專供給軍眷們的其他設施一樣，中山堂早期只有軍人與軍眷才能進去。在趙春山的回憶中，電影院裡面會有憲兵對不守規矩的人開單，放電影前也要起立、唱海軍軍歌。不只電影，中山堂不時也會有海光話劇團、康樂隊、平劇、豫劇、克難樂隊等的演出。[34] 崔可勤說，即使中山堂放的已經是五輪、六輪後的電影，最新的還得去高雄市區的「光復戲院」看，但他們還是非常喜歡去中山堂看電影，畢竟離家近又是得來不易的娛樂。[35] 由於去中山堂看電影的人潮絡繹不

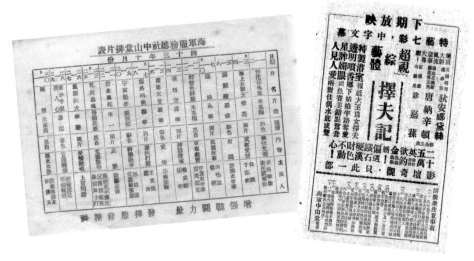

（左）1954 年 10 月中山堂排片表；（右）電影〈擇夫記〉預告／袁英麟提供

絕，再加上眷村住戶、軍區的軍人與軍校生眾多，有人潮就有錢潮，
中山堂外往往聚集著大批小販攤位，軍品、零食、小吃、水果攤等等，
熱鬧非凡。[36]

　　而在 1950 年代的中山堂，要說最令人印象深刻的不只可以吹冷氣
看電影，還會看到一名外國人顯眼地穿梭其中！這位總是一臉嚴肅、
與周遭亞洲面孔格格不入的外國人，叫做「劉源桃」，這當然是他的
「漢名」。1959 年之前，他是中山堂的管理主任，也是一名海軍中校。
許多左營的海軍眷村子弟對中山堂的印象，除了看電影與各種文藝活
動的場所之外，就是這位劉中校了。他為人一板一眼、非常講究原則，
大家私底下都戲稱他叫「劉大鼻子」。在那個反共抗俄的年代，任何
電影播放前都會放國歌與海軍軍歌，大家必須立正站好、高聲齊唱國

歌。不僅得衣著得體，如果站姿不端正、嘻嘻鬧鬧的，劉大鼻子會毫不留情地呵斥。[37]

　　劉源桃來到這裡的經歷也頗為特殊，他是荷蘭人，由於喜愛中國文化，在 1932 年時從荷蘭千里迢迢到中國。1949 年任海軍總司令部通信處中校副處長的他，隨軍一同來到臺灣左營落腳。[38] 中山堂落成後，在同仁與長官眼中辦事認真的劉源桃，便成為了這間電影院的管理主任，把中山堂管理得井然有序。劉源桃最後以上校階級退伍，2001 年去世，享年 90 歲。[39]

劉源桃全家福／江愛珠女士珍存／
袁英麟提供

由於人口的增加，海軍後來在崇實新村東北邊新建了一個「中正堂」電影院，可容納一千多人，同樣成為眷村子弟們看電影的好去處。中山堂與中正堂也就成為眷村人心中看電影的代名詞，為當時那平淡無奇的黑白年代添上一筆鮮明色彩的美好回憶。

與「外界」的交流

1950 年代中葉以後，美軍顧問團入駐左營軍區，不管如何一定會與當地民眾有所交流。袁英麟就說到，1954 年中華民國太平艦在浙江高島東南方被中共魚雷艇擊沉，他的鄰居陳家三兄弟因此失去父親。美軍為表對國軍烈士家屬的敬意，聖誕節特別邀請三兄弟享用耶誕大餐，還送他們每人一份耶誕禮物。大哥得到一支球棒、一個手套還有一顆棒球，二哥是一盒楊桃彈珠，三弟是一個馬口鐵製的電動玩具。當時的人不要說連「聖誕節」都不知道是什麼了，光是這高級的舶來品禮物，就足以令許多小孩欽羨不已。[40]

外海友新村旁的海光俱樂部是美軍的 PX（Post Exchange，美軍福利站），門口甚至配有衛兵站哨，若非內部的工作人員或高級軍官，一般人無法入內。當時許多眷村的孩子們，常常張著嘴、遠遠眺望著金髮碧眼的外國小孩們進出福利站，羨慕之情溢於言表。[41] 不過眷村孩子們心底深處也明白，他們雖然一同生活在同一個區域內，卻彷彿有一道牆將他們隔開，彼此間有一道跨不過的鴻溝。外國人的一切，反而讓人更加好奇。住建業新村的喻宗梁就說，他們小時候會溜進海軍軍區裡探險，連軍區的圍牆都敢爬，卻都會不約而同地避開美軍顧問團的範圍。[42]

海光俱樂部內的 525 營站／杜正宇提供

　　這不僅僅是因為人種的不同，或許還與眷村特有的族群意識有關。

　　隨著眷村第二代成長到少年時期，左營軍區的哨口則開始向軍港退縮，原先軍區裡的眷村，從 1970 年開始，開始向市區開放。於是，有些到左營與高雄市區上高中的眷村子弟，理所當然地接觸到了「外面的人」。

　　周治東說他讀左營高中的時候，同學很多都是「本省人」，家中大多是做生意的，比如開撞球館或服飾店，這對當時還初出眷村的少年周治東來說，是非常震驚的事情，因為「以前我們看電影就是中山堂和中正堂兩間，後來才知道外面竟然還有左營大戲院、清水戲院、觀光戲院、遠東戲院這麼多電影院！我才開始會到『外面』去看電影，高中唸得可開心了」，他笑著說。

因為讀了軍區眷村以外的高中，才有機會接觸到「外面」的世界，開始對「本地人」的生活產生好奇。[43] 在軍區圍牆拆除後，海軍眷村徹底脫離了軍事的管制區，更大大加速了本省與外省的交流。

聽到這裡，我感嘆道：「『裡面』跟『外面』……你們的地盤意識分得很強啊。」

周治東聳聳肩，說他覺得這代表著一個時代的轉變，本省人和外省人可以更加容易地相互往來，眷村的人也不再被當地人視作特殊群體。不過在眷村長期的「自成一格」下，還是讓眷村的居民，尤其是在臺灣度過童年與少年時期的外省第二代，培養出了強烈的領域觀念，對「眷村」這一聚落的認同感更加深刻。[44]

 · 逝去的眷村情懷

我看著在場的大家說了這麼多關於眷村的種種，忍不住好奇問他們每個人對於自己曾住過的眷村，有什麼感覺？

住過合群新村的方懷智覺得，住在眷村裡，父執輩都是同事，小孩子大多是同學，彼此的出身背景都很一致，大家都很熟悉。那種感覺，就像彼此都是一家人一樣。「搬出眷村以後，很難再有這樣的感覺了。」[45] 他悵然地說。

許鳳祥說：「當時鄰居婆婆媽媽們都互相學習做菜、分送家常菜給

各戶，我覺得眷村最大的特色就是大家都很會分享。」[46]

　　宋大偉贊同說每戶人家感情都很好，大門可以隨時敞開不用鎖。還有當時家家戶戶孩子都生很多，糧食往往不夠吃，鄰居們也都會無條件給予幫助。[47]

　　段競玲覺得，眷村是非常有人情味的地方。有時候父母親出門，只要跟鄰居說一下，都會很樂意幫忙看顧照料。「我們住在自治新村，一排有 10 戶人家，大門都是敞開著的，那時候家裡也不會有什麼值錢的東西，所以不怕有小偷進來闖空門。大家常常到鄰居家裡串門子，都不用敲門。」[48]

　　林永華對眷村的回憶是，她母親很擅長做紅糟肉、紅麴、鰻魚、紅燒雞等料理，還會做一種炒得很大、很粗的米粉，她媽媽就做這些菜分享給鄰居。有的鄰居很會包餃子，做好後就會在眷村中互相分送。在林永華四、五年級的時候，家裡開了一陣子的雜貨店，眷村的媽媽們因為上班或打牌，她們家的雜貨店就變成了寄存孩子的「遊樂場」。[49]

　　林屏印象最深刻的是，1958 年八二三炮戰後因功升少將的父親，即使薪資並沒有外界想像的那麼高，卻依然想盡辦法接濟經濟困頓的下屬。結果就是每到發薪日，林家門口往往大排長龍，通通是來借錢的人。當家裡錢不夠的時候，林母就會將家裡的豬肉、雞蛋與自種的蔬菜分送給林父的部下們。林屏說有一次他送雞蛋去給一位有 12 個女兒的老士官長，發現他們全家這麼多人口，卻只能圍著一盤淋上醬油和辣椒的番茄吃飯，而辣椒跟番茄還是林家給的。[50]

　　由於眷二代的父親都是海軍軍人，時常要隨軍艦出海航行，即便是在陸上單位，也往往因為一通電話就得回去值勤，因此陪伴家人時間不多。對很多眷村家庭而言，父親往往是缺席的存在，導致眷村幾乎每個家庭的一切都是母親在打理。

　　楊覺苑就說，她丈夫都在基隆、澎湖的軍區或臺北大直的海軍總司令部值勤，但他們家卻是在高雄左營的明德新村，長期未在一起相處，丈夫和孩子間難免疏離。有一次楊覺苑的丈夫難得回來左營與孩子相聚，然而到了晚上，小兒子卻趕人般地問：「爸爸怎麼還不回臺北？」令她心酸不已。[51]

　　趙怡回憶，父親因軍職調到臺北，印象裡家中庭園在母親的巧手下花木扶疏，卻幾乎沒有父親的身影。直到父親以中將退伍、回到左營後，子女早已默默地長大成人、出國留學，直到父親去世前，他們都未能承歡膝下，[52] 令人唏噓。

　　縱使眷村生活無與倫比，時光仍毫不留情地前進。

　　1990 年代，隨著眷村第二代、第三代逐漸開枝散葉，眷村也不免俗地人口老齡化，甚至配合著老舊眷村改建、都市更新被迫拆遷改建。但即使大家紛紛搬離了眷村，對眷村的感情依舊深植於心。

　　王立信大學畢業後，成立了「明德建築師事務所」，取名「明德」二字，便是紀念自己出身於明德新村。[53]

　　王海天在 2004 年搬出自治新村，離開時因為不忍破壞房屋，還將 80 餘萬的裝潢原封不動地保留了下來。2014 年得知自治新村要被拆除時，內心震撼、百感交集。現在的他，時常去自治新村的舊址散步，哀戚地站在原舊家的草地上，憑弔著那些逝去的人事物與他的青春童年。[54]

　　明德新村出身的王和平則向在場的大家說了一個勵志又溫馨的小故事，他曾有一位鄰居叫曹將軍，1949 年還是上尉的他，跟隨「海軍服務大隊」前往明德新村維修，一到那邊，便被明德新村的環境給深深吸引，發誓日後也要當上將軍、入住明德新村！後來，曹上尉真的當上了將軍，也如願以償住進了他夢想中的「將軍村」，一直住到眷改政策頒布、不得不搬離為止。之後，王和平曾去拜訪過已高齡 90 多歲的曹將軍，談及他在明德新村的過往種種，曹將軍往往老淚橫流。對眷村的深厚情感，讓人感慨又動容。[55]

　　對於眷村拆遷，林永華除了不捨之外，還有不解。她說她在 2012 年搬離合群新村，隔年為了拿女兒遺留的勞作回去時，卻被國防部委任的警衛誤以為是小偷而報警逮捕她！即便後來誤會冰釋，守衛卻聲稱眷村中一切大小物品，都必須經國防部批准才能拿走，令她萬般不解。2014 年她帶著兒子再回眷村憑弔時，卻發現曾定居數十年的「家」已形同廢墟，她曾經費盡心血打理的檜木地板，竟然全被真正的小偷拆光了。[56]

　　眷村二代對於眷村的感情，往往是從尋常生活中一點一滴累積起來的。雖然當時的生活並非十全十美，離開眷村後的生活環境也比眷村裡好，但那股血濃於水、相互依存的情感，是讓他們最魂牽夢縈的。

　　王立信依舊嚮往著，早年在眷村裡各家互相幫助、密切生活、不分彼此，因為大家都是從中國大陸各個省分，離鄉背井來到臺灣的。雖然物質生活很苦，但在擁有「反攻大陸」的相同信念下互相幫忙照顧，反而充實富足了精神生活。「這種情誼，在眷村之外的其他地方，應該很難看到。」[57] 王立信說。

　　有相同感慨的大家不約而同地一起點了點頭。

　　「啊，我永遠忘不了每年除夕夜凌晨零點一到，左營軍港中所有軍艦一起鳴笛，慶祝新的一年到來的那個壯觀景象！」方懷智懷念地說。[58]

　　許鳳祥感慨地回憶道，以前每到過年時，此起彼落的「恭喜、恭喜」總是迴盪在眷村的每一個角落。隨著時間流逝，鄰居們一個又一個的搬走，那種惆悵感真非筆墨所能形容。有些鄰居搬到北部後，會邀請以前的老鄰居去家裡坐坐、互相擁抱、聊聊近況，就算多年不見，那種如同一家人、血濃於水的感情依舊濃烈清晰。如同許多眷村居民一樣，即便原本的「家」已經不見了，許鳳祥至今仍然時常回去舊家原址憑弔，懷念往日的美好時光。[59]

　　杜正洋雖然大部分的時間都在美國與中國大陸生活，但依舊難忘小時候眷村的一草一木，還有每到傍晚那空氣裡融合著花、果樹以及各家飯菜的香氣。隨著年紀增長，偶爾聞到某些花果的香味，都會讓他想起在眷村的生活。「我還記得，當我在美國聽到自治新村要拆除的時候，心都碎了。後來回臺灣去四海一家裡的海軍軍區故事館裡參觀，看到一樓左營軍區與眷村的模型時，那種惆悵感……真的很強烈。」[60] 他苦笑

道，眼中彷彿閃著淚光。

　　林欣說，他的朋友不多，知心好友還是在眷村一起讀書長大的同學，覺得眷村人相對於非眷村的人單純很多，比較符合他的個性。在眷村中普遍教忠孝節義的氛圍下，對他為人處世影響很深。「不敢說有對社會有什麼貢獻啦，但至少大家都清清白白地做人、在社會上正正當當地做事。」[61]

　　侯珞怡在眷村拆遷時趕回左營，看到以往天天看到的自治新村只剩下殘磚碎瓦，當時老家建業新村也即將被拆除。想到那個以前天天騎著腳踏車去找朋友、跟著媽媽去買菜的地方，只剩下一大片怵目驚心的破碎瓦礫，而那些一片片的破牆爛瓦，全都是她的從前、是故鄉的一部分……「想著想著，我突然覺得這些都已經跟我沒關係了。於是我從車窗看了一眼，就再也不願回頭。」[62]

已被夷平的束
自助住新村／
杜正宇提供

1. 林鎮宜，《海軍老眷村的故事》，頁 62-63。

2. 〈蔣義正訪談錄〉，收入杜正宇主持，《高雄市左營眷村研究暨訪談調查案結案報告書》，頁 217。

3. 康曼德，《海軍眷村文物的故事》，頁 30-31。

4. 〈周治東訪談錄〉，收入杜正宇主持，《高雄市左營眷村研究暨訪談調查案結案報告書》，頁 52。

5. 〈段競玲訪談錄〉，收入杜正宇主持，《高雄市左營眷村研究暨訪談調查案結案報告書》，頁 55。

6. 〈許鳳祥訪談錄〉，收入杜正宇主持，《高雄市左營眷村研究暨訪談調查案結案報告書》，頁 197。

7. 〈樂凱銘訪談錄〉，收入杜正宇主持，《高雄市左營眷村研究暨訪談調查案結案報告書》，頁 105。

8. 〈周治東訪談錄〉，收入杜正宇主持，《高雄市左營眷村研究暨訪談調查案結案報告書》，頁 51。

9. 吳明宗等編，《海軍老眷村的故事》，頁 64-65。

10. 〈魏卿訪談錄〉，收入杜正宇主持，《高雄市左營眷村研究暨訪談調查案結案報告書》，頁 96。

11. 〈林永華訪談錄〉，收入杜正宇主持，《高雄市左營眷村研究暨訪談調查案結案報告書》，頁 98。

12. 〈王燕瑛訪談錄〉，收入杜正宇主持，《高雄市左營眷村研究暨訪談調查案結案報告書》，頁 73。

13. 林鎮宜，《海軍老眷村的故事》，頁 58。

14. 〈周治東訪談錄〉，收入杜正宇主持，《高雄市左營眷村研究暨訪談調查案結案報告書》，頁 52。

15. 同前註，頁 51。

16. 〈許鳳祥訪談錄〉，收入杜正宇主持，《高雄市左營眷村研究暨訪談調查案結案報告書》，頁 198。

17. 康曼德，《海軍眷村文物的故事》，頁 11。

18. 張明初，《碧海左營心：捍衛臺海的真實故事》，頁 51-55。

19. 〈王海天訪談錄〉，收入杜正宇主持，《高雄市左營眷村研究暨訪談調查案結案報告書》，頁 86。

20. 〈海軍體育場〉，收入張壽齡，周宜慶，張彩玥，《鎮海靖疆：左營軍區的故事》，頁 76。

21. 張明初，《碧海左營心：捍衛臺海的真實故事》，頁 38-46。

22. 〈国有財産引渡目録　高雄海軍経理部〉，アジア歷史資料センター編號：C08010611400；林鎮宜，《海軍老眷村的故事》，頁 103；林海清主編，《眷戀：海軍眷村》，頁 203。

23. 張力、吳守成、曾金蘭，《海軍人物訪問記錄　第一輯》（臺北：中央研究院近代史研究所，1998），頁 14；王玉麒，《海癡：佘振興與老海軍（1889-1962）》（臺北：河中文化，2011），頁 107-113；趙璵，〈陸軍接管海軍始末（下）〉，《傳記文學》，第 60 卷第 6 期（1992），頁 67-68；張力，〈從「四海」到「一家」：國民政府統一海軍的再嘗試：1937-1948〉，《中央研究院近代史研究所集刊》，第 26 期（1996），頁 267-316。

24. 張明初，《碧海左營心：捍衛臺海的真實故事》，頁 72-73；康曼德，《海軍眷村文物的故事》，頁 48-50、93。

25. 康曼德，《海軍眷村文物的故事》，頁 93。

26. 張明初，《碧海左營心：捍衛臺海的真實故事》，頁 48-50。

27. 郭冠佑、許劍虹、吳錯訪問，張惠林口述，2019 年 11 月 9 日於新北市永安市場捷運站二樓之藝文沙龍。

28. 〈許鳳祥訪談錄〉，收入杜正宇主持，《高雄市左營眷村研究暨訪談調查案結案報告書》，頁 199。

29. 張耀升，〈我那陌生的父親〉，《聯合報》（2011 年 10 月 30 日），第 D3 版。

30. 〈徐學海訪談錄〉，收入張壽齡，周宜慶，張彩玥，《鎮海靖疆：左營軍區的故事》，頁 208。

31. 康曼德，《海軍眷村文物的故事》，頁 152-153。

32. 同前註，頁 93-94；張明初，《碧海左營心：捍衛臺海的真實故事》，頁 126；〈中山〉，《鎮海靖疆：左營軍區的故事》，頁 70。

33. 〈林屏訪談錄〉，收入杜正宇主持，《高雄市左營眷村研究暨訪談調查案結案報告書》，頁127。

34. 〈克難有趣的眷村兒時：趙春山先生〉，收入張壽齡，周宜慶，張彩玥，《鎮海靖疆：左營軍區的故事》，頁230-231。

35. 〈崔可勤訪談錄〉，收入杜正宇主持，《高雄市左營眷村研究暨訪談調查案結案報告書》，頁120。

36. 〈杜正洋訪談錄〉，收入杜正宇主持，《高雄市左營眷村研究暨訪談調查案結案報告書》，頁76-77。

37. 〈高啟瑞訪談錄〉、〈許鳳祥訪談錄〉，收入杜正宇主持，《高雄市左營眷村研究暨訪談調查案結案報告書》，頁115、198。

38. 〈劉源桃〉，《軍事委員會委員長侍從室・系列四》，國史館數位典藏號：129-040000-1661。

39. 康曼德，《海軍眷村文物的故事》，頁253-254；〈江愛珠女士〉，收入林海清主編，《眷戀：海軍眷村》，頁275。

40. 〈袁英麟訪談錄〉，收入杜正宇主持，《高雄市左營眷村研究暨訪談調查案結案報告書》，頁147。

41. 同前註，頁149。

42. 〈喻宗梁訪談錄〉，收入杜正宇主持，《高雄市左營眷村研究暨訪談調查案結案報告書》，頁189。

43. 〈周治東訪談錄〉，收入杜正宇主持，《高雄市左營眷村研究暨訪談調查案結案報告書》，頁53-54。

44. 同前註，頁53。

45. 〈方懷智訪談錄〉，收入杜正宇主持，《高雄市左營眷村研究暨訪談調查案結案報告書》，頁222。

46. 〈許鳳祥訪談錄〉，收入杜正宇主持，《高雄市左營眷村研究暨訪談調查案結案報告書》，頁197。

47. 〈克紹箕裘報國心：宋大偉先生〉，收入張壽齡，周宜慶，張彩玥，《鎮海靖疆：左營軍區的故事》，頁202。

48. 〈段競玲訪談錄〉，收入杜正宇主持，《高雄市左營眷村研究暨訪談調查案結案報告書》，頁55-56。

49. 〈林永華訪談錄〉，收入杜正宇主持，《高雄市左營眷村研究暨訪談調查案結案報告書》，頁99。

50. 〈林屏訪談錄〉，收入杜正宇主持，《高雄市左營眷村研究暨訪談調查案結案報告書》，頁126。

51. 〈楊覺苑訪談錄〉，收入杜正宇主持，《高雄市左營眷村研究暨訪談調查案結案報告書》，頁140。

52. 〈感念烽火歲月下的左營眷村〉，收入張壽齡，周宜慶，張彩玥，《鎮海靖疆：左營軍區的故事》，頁234、235。

53. 〈王立信訪談錄〉，收入杜正宇主持，《高雄市左營眷村研究暨訪談調查案結案報告書》，頁136。

54. 〈王海天訪談錄〉，收入杜正宇主持，《高雄市左營眷村研究暨訪談調查案結案報告書》，頁87-88。

55. 〈王和平訪談錄〉，收入杜正宇主持，《高雄市左營眷村研究暨訪談調查案結案報告書》，頁134。

56. 〈林永華訪談錄〉，收入杜正宇主持，《高雄市左營眷村研究暨訪談調查案結案報告書》，頁101-102。

57. 〈王立信訪談錄〉，收入杜正宇主持，《高雄市左營眷村研究暨訪談調查案結案報告書》，頁138。

58. 〈方懷智訪談錄〉，收入杜正宇主持，《高雄市左營眷村研究暨訪談調查案結案報告書》，頁220。

59. 〈許鳳祥訪談錄〉，收入杜正宇主持，《高雄市左營眷村研究暨訪談調查案結案報告書》，頁199。

60. 〈杜正洋訪談錄〉，收入杜正宇主持，《高雄市左營眷村研究暨訪談調查案結案報告書》，頁77。

61. 〈林欣訪談錄〉，收入杜正宇主持，《高雄市左營眷村研究暨訪談調查案結案報告書》，頁145。

62. 侯珞怡，〈你一定是眷村長大的〉，《聯合報》（2012年4月12日），第D4版。

流轉
歲月

　　回顧左營的成長發展，清領時期是鳳山一帶的軍政重鎮。日治時代，日本為了擴張海軍的實力，將馬公、基隆、高雄三個地區建設為海軍基地，從此奠基了左營的海軍之路。之後，因為太平洋戰爭，左營軍港的建設並沒有達到原先預定的規模就被草草擱置。戰後又因為時局不穩、苦無經費，遲遲等不到修繕。

　　1949 年風雲變色，隨著中華民國政府遷移到臺灣，中華民國海軍肩負起保衛臺灣海峽的重責大任。由於左營在太平洋戰爭期間內受損嚴重，機能還沒有完全恢復，艦艇的數量與戰力都很缺乏。此時又湧入大量的軍事單位、官兵和眷屬，如何安置這些人又是一大挑戰。在這危機重重的困境中，韓戰爆發後，美國不只派遣第七艦隊巡防臺灣，還援助臺灣大量的物資與金錢，疏解了左營的燃眉之急。在相關物資與資金的挹注下，左營軍港終於得以強化軟硬體設備、健全基地的功能，踏實地走上穩定發展的道路。

　　1951 年蔡斯團長率領美軍顧問團抵達臺灣，海軍顧問組落腳在左營，指揮、督導、視察美援各種運用的情況。在美軍顧問團的指導下，對於海軍制度的建立、艦艇作戰的強化、軍事教育的交流、部隊訓練

的方式等，都有非常深遠的影響。海軍軍官也利用美援的關係，赴美進修，接受更先進的軍事訓練，開拓了國際視野。而美國自由開放的資訊，也為日後臺灣民主社會的進步埋下深遠的種子，等待日後開出璀璨的花朵。

　　美軍顧問團在左營也留下了走過的痕跡。左營的高爾夫球場、俱樂部等娛樂設施，都是為了美軍的需求而特地打造。為了照顧美軍的住宿，興建了海友新村。美國人生活在左營，不只軍務上的往來交流，生活上也與當地居民有了不少接觸，是屬於左營特有的歷史軌跡。

　　左營軍港在日本時代發跡，之後轉移到中華民國的管轄，再因美援的關係而融入了大量的美國色彩。這種橫跨日本、中華民國、美國的歷史，在在顯示出左營的特殊性與國際性。

　　1979 年美國與中華人民共和國建交，並結束與中華民國的邦交，美中臺關係發生重大變化。不過，美國仍與臺灣保有一定程度的軍事交流。時間來到 21 世紀，隨著中華人民共和國軍事的成長，臺海局勢嚴峻，美國與臺灣的軍事關係又再度轉變，海軍也面臨了新的挑戰。有鑑於此，國防部在「威海計畫」中提出擴建左營第二港口的工程，待此工程完工，萬噸級的軍艦將可停泊在左營軍港。[1] 這項工程於 2023 年 6 月 27 日正式動工，象徵著左營的發展將進入一個新的階段。[2] 而這也代表，左營海軍基地在未來的國際海權秩序中，將扮演重要的角色。

　　除了軍事上的發展，左營也乘載著大批海軍軍人與眷屬的食衣住行與日常生活。日本軍方規劃、興建的基礎設施與宿舍，成為 1949 年來

到左營軍民的落腳處。

　　眷村家庭的經濟來源主要靠家中軍人的薪水與軍方的物資，除了定期發放米麵、食用油、燃料等物資外，在美援時期還發放過珍貴奢侈的牛奶。然而，因為軍人薪餉不豐，加上日常生活開支與小孩的學費，眷村女眷也必須學會掙錢，除了縫製軍服、幫傭洗衣以外，她們也在眷村裡做家庭代工增加收入。

　　左營眷村在 1968 年以前設有崗哨，形成了一定程度封閉的社群，加上語言隔閡，使得左營眷村的軍民較少與外界接觸，這尤其體現在眷村第二代身上。眷二代長期生活在以眷村、軍區為圓心的範圍裡。耳濡目染了軍事氛圍，使得他們在性格上樸質率真，精神上多了份愛國與堅定，很多人都選擇了從軍，以海軍或退伍後從事航運作為志業。

　　1990 年代以後，眷村的黃昏降臨，在社會變遷的巨輪之下，出現了劇烈變化。與此同時，眷村的二代與三代居民在臺灣社會中開枝散葉，面對老舊的眷村屋舍逐漸被推平，消失無蹤。眷戀濃厚的情感，更讓眷村人奮力保存那個年代的史蹟與記憶。

　　眷村裡大路接小巷、鄰里街坊媽媽們的閒話家常、打毛線，父親兄弟往來艦艇與官校，小孩子在學校的糗事被廣為流傳等等，都實實在在地刻劃出眷村生活裡，那種緊密相連、不分你我、相互扶持的情感，特別地雋永動人。即使已成過去，但仍深深烙印在每一個眷村孩子的心中。

　　左營這麼小，卻乘載了臺灣近現代海軍發展、人口移動與族群融合的流轉歲月。可以說，左營這種多元文化交融的現象，不也正代表著臺灣歷史文化的縮影？

　　左先生下了一個精彩的總結。

　　一陣沉默後，眾人忽然爆出歡呼與掌聲。

　　「哎呀，果然還是要左先生啊！」
　　「不愧是左先生。」

　　我也覺得左先生不僅人和善大方、記憶力超群、口條又好，能夠訪問到他真的太幸運了！看著電腦裡滿滿的存稿，我滿足極了，不自覺站起身面對著在場的人說：

　　「真的很謝謝你們讓我訪談，尤其是左先生。我會努力寫好這本書，希望能讓大家更瞭解你的故事。」

　　「不用這麼見外，我才要謝謝你一個年輕人願意聽我這又臭又長的講古呢。」左先生搔搔臉頰。

　　「左先生也很年輕啊！」我張大著眼，不服氣地反駁。

　　他哈哈大笑：「沒錯！我還很年輕，還要活很久很久，久到你們可能都會忘記我。」

　　「才不會忘記你！雖然歷史總是雋永到常令人遺忘，但只要有傳承下去，就永遠不會消失。」我正色道。

　　左先生倏然睜大眼睛，一時之間沒有說話。

這時有人插話道：「不愧是作家，隨便出口都是一句名言，聽得我都雞皮疙瘩了。」

「突然覺得好感動呀！沒錯，就像眷村消失了，但那些回憶依然永遠在我心中。」

「佘老師我變成你的粉絲了，你說你還有出另一本書叫啥名？我買了你可以幫我簽名嗎？」

「當然沒問題。」

「這麼快就跟人家裝熟，忒不要臉的，老師不要答應他！」

「哈哈哈……」

＊＊

結束聚會，大家魚貫走出眷村餐廳，在眾人一片熱鬧歡笑聲中，左先生眼角泛著些許晶瑩，嘴角不自覺地微微揚起。

從左營軍港吹來的鹹鹹海風，輕柔地拂過他的面孔，他彷彿又回到了那些年。

他在鳳山縣城爬上爬下、玩得不亦樂乎，偶爾跑去萬丹港搭船到鄰近的沿海村莊玩耍。

他穿著大日本帝國潔白的海軍軍服，與高雄警備府高木司令官握

手、用日語寒暄。

他在震耳欲聾的空襲警報下把戰友塞進防空洞裡，在解除警報後發現那個防空洞被炸得血肉模糊。

他換上中華民國海軍軍服，木然地望著李少將與黑瀨少將進行一場戰勝國與戰敗國的世紀交接。

他在哈囉市場裡幫忙翻譯臺語和英語，得到了美國人豎起大拇指和一根香菸回禮。

他穿著繡著「中美合作」四字的粗糙褲子，滿頭大汗地修補著眷村家裡裂開的薄薄牆壁。

他被熱情的李媽媽塞了一顆山東饅頭，咬在嘴裡興奮地搭上前往中山堂看電影的公車。

他遠遠望著推土機把他昔日的「家」推平，在轟隆隆的倒塌聲中無聲流淚……

是呀，他已經活了很久很久，度過了流轉歲月，看盡了人生百態，與臺灣島上可愛的人們從很久以前一起共存到了現在。

他之後還會活更久更久，直到海枯石爛，也要持續地成長茁壯。

誰叫他是擁有著燦爛輝煌的歷史，臺灣海軍重鎮的「左營」呢。

1. 林彥臣，〈左營軍港擴建可停「萬噸美艦」　央視 12 年前就報導「現在還卡關」〉，ETtoday 新聞雲（2019 年 1 月 19 日）。網址：https://www.ettoday.net/news/20190119/1360776.htm（2023 年 8 月 14 日瀏覽）。

2. 〈邱部長主持威海計畫東側碼頭開工　勉如期如質安全完工〉，國防部軍事新聞通訊社（2023 年 6 月 27 日）。網址：https://mna.gpwb.gov.tw/news/detail/?UserKey=1eff88e4-f319-477f-ac70-72e555a6ad65（2023 年 8 月 14 日瀏覽）。

國家圖書館出版品預行編目（CIP）資料

海風在吟唱：左營海軍與眷村 / 杜正宇, YUZI, 沈天羽, 陳咨仰, 郭冠佑著; 杜正宇主編. -- 初版. -- 高雄市：麗文文化事業股份有限公司, 2024.06

144面；17×23公分

ISBN 978-986-490-244-6 (平裝)

1.CST：人文地理　2.CST：軍港　3.CST：眷村　4.CST：高雄市左營區

733.9/131.9/105.4　113007483

海風在吟唱：左營海軍與眷村

主　　　編　杜正宇
作　　　者　杜正宇、YUZI、沈天羽、陳咨仰、郭冠佑
發 行 人　楊宏文
編　　　輯　鍾宛君
封 面 設 計　薛東榮
內 文 排 版　薛東榮

出 版 者　麗文文化事業股份有限公司
　　　　　802019 高雄市苓雅區五福一路 57 號 2 樓之 2
　　　　　電話：07-2265267
　　　　　傳真：07-2233073
　　　　　購書專線：07-2265267 轉 236
　　　　　E-mail：order@liwen.com.tw
　　　　　LINE ID：@sxs1780d
　　　　　線上購書：https://www.chuliu.com.tw/
臺北分公司　100003 臺北市中正區重慶南路一段 57 號 10 樓之 12
　　　　　電話：02-29222396
　　　　　傳真：02-29220464
法 律 顧 問　林廷隆律師
　　　　　電話：02-29658212

刷　　　次　初版一刷・2024 年 6 月
定　　　價　280 元
I S B N　978-986-490-244-6（平裝）